미라클
독서법

미라클 독서법

꿈꾸는 엄마를 위한 미라클 독서 코칭

강수현 지음

북
씽크

아이 독서법보다 엄마 독서법이 우선이다

아이 독서보다 엄마 독서가 우선이다

요즘 자녀 교육의 모든 화두가 독서에 초점이 맞춰져 있다 해도 과언이 아닐 만큼 독서 교육이 강조되고 있습니다. 국어교사의 입장에서 독서 교육이 강조되는 것은 환영할 만한 일이지만, 엄마의 독서 교육 방법이 잘못된 경우를 많이 보게 됩니다.

독서가 교육에 좋다하니 좋은 엄마 노릇을 한답시고 아이에게 번쩍이는 비싼 전집을 들이밀고, 잘 읽지 않으면 윽박지릅니다. 그토록 좋은 전집을 사다 주었는데 왜 우리 아이는 책을 좋아하지 않는지 의아해합니다. 책을 좋아하게 하려는 엄마의 행동으로 인해, 아이러니하게도 아이는 그만큼 책과 멀어지고 있습니다.

아이가 책을 좋아하게 하고 싶은가요. 여러 방법 중에 아주 간단한 방법이 있습니다. 엄마가 책을 옆에 끼고 살면 됩니다. 아이가 책을 좋아하게 하는 것보다 엄마인 자신이 책을 좋아하는 것이 먼저입니다. 다만, 진심으로 책을 좋아해야 합니다. 아이는 엄마가 억지로 독서를 하는지 아닌지 귀신같이 알아채기 때문입니다. 하지만 알면서도 실천이 되지 않는 것이 문제였지요.

기뻐서 웃는 것이 아니라, 웃어서 기쁘다는 말이 있습니다. 책을 좋아해서 읽는 것이 아니라, 읽다보면 책을 좋아하게 됩니다. 이 책을 읽고 나면, 자연스레 책에 눈길을 한 번 더 주게 되고, 살며시 책에 손을 내밀어 펼쳐 읽기를 시작하는 자신을 보게 될 것입니다.

우리는 한 때 꿈이 있는 소녀였다

한 광고에서 고개를 끄덕이게 되는 장면을 본 적이 있습니다. 장난기가 가득한 어린 두 아들을 목욕시키며 고군분투하는 엄마가 이마의 땀을 훔치는 장면이었습니다. 한숨 섞인 엄마의 목소리로 내레이션이 나옵니다. '엄마라는 경력은 왜 스펙 한 줄 되지 않는 걸까?'

엄마라면 아마 다들 마음이 뭉클했으리라 생각합니다.

엄마인 우리는 모두 조금씩 무언가를 포기했습니다. 결혼하고 출산한 후 자연스럽게, 너무나도 당연한 듯이 우리는 그렇게 손에서 하나씩 반짝이는 것을 놓았고 빛나던 무언가는 조금씩 빛을 잃고 사그라들다 결국은 아스라이 멀어졌습니다. 엄마는 이렇게 희생하는 거라고 스스로를 다독이며 오늘을 살아갑니다. 내가 왜 결혼이라는 과업을 그토록 당연한 듯이 거쳐야 한다고 생각했는지 스스로 원망도 해보고, 시간을 되돌리면 더 나은 선택을 할 수도 있지 않을까 하는 후회 섞인 푸념을 해보아도 현실은 변함이 없습니다. 그 때 내 마음속에서 반짝이던 그 무언가는 다 어디로 간 것일까요. 조용히 눈을 감고 내가 꿈꿨던 내 모습을 머릿속에 연상해봅니다. 연상 속 내 모습과 지금 현실 속 내 모습이 얼마나 닮았나요?

꿈이 있다는 것은 흔히 말해 직업이 있는지 없는지와 관련이 없습니다. 나는 워킹맘이지만 직업과 관련 없는 다른 꿈도 여전히 가지고 있습니다. 직업이 없다고 해서 어떤 '직업'을 가지는 것만이 꿈이라고 할 수도 없습니다. 일례로 나는 10대 후반부터 20대 초반일 때까지 막연하게 나이 서른 즈음이 되면 마음이 쉽게 흔들리지 않고, 매사 긍정적이며 어떤 일에 임할 때 초연할 수 있는 여유를 가진 여성이 되기를 바랐습니다. 또한 작가가 되어 매일 꾸준히 글을 쓰며 내 글을 읽는 사람들과 진심어린 소통을 꿈꾸기도 했습니다.

　그러나 얼핏 어렵지 않아 보이는 그 꿈은 이루어지지 않았습니다. 서른 즈음의 나는 사소한 일에 일희일비했고, 아이 행동의 긍정적인 면보다 부정적인 면에 대해 걱정하기를 우선했습니다. 작가가 되고 싶다는 바람은 저 멀리 티끌만큼 작아졌고, 인터넷상에서는 아무도 보지 않는 곳에서 혼잣말과 같은 글을 썼습니다. 생각대로 살지 않으면 사는대로 생각하게 된다는 말처럼, 그저 그렇게 삶이 흘러갔습니다.

　엄마니까 어쩔 수 없지-
　엄마니까 시간이 없지 -
　그건 어쩔 수 없지…….

　라며 스스로를 위안 삼았던 것은 아닐까요.

　마음 속에 하고자 하는 바를 놓지 않는 것은 힘이 큽니다. 내가 가진 소망은 내 행동을 변화시키고, 그 행동 변화는 내 현재를 바꾸고, 그 현재가 바뀌면 비로소 내가 원하는 미래로 나아갑니다.

그 꿈은 크거나 거창하지 않아도 됩니다. 꿈의 가치는 다른 사람이 아닌 결국 내 마음이 알고 있기 때문에, 꼭 거창한 것만이 꿈이 될 필요는 없습니다.

누군가에게는 도움이 될 것이라는 믿음으로

이 책은 부분적으로는 육아서이기도 하고, 어떤 면에서는 독서법에 관한 책이기도 하고, 또한 자기계발서이기도 합니다. 공통적으로는 모두 엄마를 위한 것이지만, 어디에 초점을 맞추느냐에 따라 다른 책이 될 것입니다.

좋은 것을 나누고 싶은 그런 마음으로, 아직도 어딘가에서 고군분투하며 일상을 살고 있을 당신에게 아주 조금이라도 도움이 되기를 바랍니다.

당신과 나와, 예쁜 우리 아이들의 삶을 오늘도 응원합니다.

미라클 독서법 3.

'나'의 독서에서 '가족'의 독서로 나아가다

미라클 독서법 4.

독서로 나는 '나'를 찾았다

미라클 독서법 5.

독서로 나는 '나'를 찾았다

미라클 독서법

①

결혼한 후, 나는 '나'를 잃었다

01

결혼, 그 특별함과
평범함에 대하여

  결혼과 출산을 거친 여성은 저마다 인생 드라마를 가진다. 드라마 주인공인 자신의 이야기는 개인적이고 강렬하다. 군필 남성들이 모이면 각자 군대생활을 저마다의 영화로 이야기하듯, 엄마인 여성은 결혼 생활과 출산 경험을 자신만의 드라마로 이야기하기 바쁘다. 특히 출산에 대한 기억은 아이를 낳은 지 수십 년이 지나도 어찌 그토록 생생하게 각인되어 있는지 참으로 신기하다. 모두가 특별하다고 여기기에 역설적으로 더 평범해지는 것이 결혼, 출산이 아닐까.

  문제는 내게 그 과정이 너무나도 힘들었다는 데에 있다.
  결혼이라는 것은 여성이라면 당연히 거쳐야 하는 과업이라 생각했다.

결혼하면 당연히 출산을 해야 하는 줄로만 알았다.

나는 100억과 1000억의 차이가 잘 와 닿지 않는다. 결혼과 출산이 나에게 그런 것이었다. 결혼은, 내가 이미 거쳤던 학교 졸업, 취업 등과 같은 여러 과업과 같거나 조금 더 중요한 정도이겠거니-하고 생각했다. 결혼 후 이것저것 신경쓸 것이 많아진 생활이 힘들다고 여기저기서 떠들어대니 그러려니 짐작만 했다.

결혼이 그럴진대, 출산과 육아는 내게 저 먼 우주의 그것이었다.

이 세상에 결혼하고, 아이 낳고 살아가는 여성이 얼마나 많은가. 그렇게 결혼 준비를 했고, 그저 조금 만만했다.

'서럽다.'

2014.05.30.

첫째 아이 첫 생일날의 일기이다. 그 때 나는 둘째 임신 5개월이었다.

이 세상엔 어떻게 결혼하게 되었는지에 대해서 말이 참 많다. 사람들은 갓 결혼한 사람들에게 '어쩌다가 만나게 되었어? 누가 더 먼저 사랑했어? 언제 결혼을 결심했어?'에 대해서는 늘 궁금해 한다.

안타깝게도 결혼과 출산을 한 후의 '부정적', 혹은 '무너지는' 감정에 대해서는 내가 읽었던 여러 책이 알려주지 않았다. 사실 책이 알려주지 않은 것이 아니라, 내가 결혼 이후의 진짜 삶, 진짜 알아야 할 것에는 별로 관심이 없었다.

사람들은 막연하게 결혼을 해야겠다고 생각하는 이에게는 우스갯소리로 '결혼을 왜 해? 그냥 혼자 살아.' 라고 장난 반을 곁들인 이야기를 건네지만, 실제 결혼을 결심한 이에게는 그저 축하한다는 말과 함께 모든 것을 뭉뚱그려 '행복하게 잘 살아.'라고 갈음한다. 결혼 후의 생생한 삶을 표현하지 않는다.

결혼하는 당사자도 '결혼하니 어떤 걸로 싸우게 돼?, 언제 서로 가장 견디기 힘들어?, 살면 서로 어색해지는 때는 언제야?, 아이는 낳는 것이 좋은 거야?' 등 날 것 그대로의 궁금함을 굳이 꺼내지 않는다. 결혼의 역사가 지금도 이어지는 이유이다.

게다가 나는 주변에서 가장 늦게 결혼할 것 같은 언니 혹은 친구

였으나 모두의 예상을 뒤엎고 가장 빨리 결혼하였다. 나는 아무것도 알 턱이 없었다. 친인척 중에도 의지할 만한 언니나, 먼저 결혼한 친구가 없었다. 결혼 이후의 모든 일상이 내게는 넘어야 할 산, 옮겨야 하는 돌, 끌고 가야 하는 짐이었다.

결혼을 준비하는 과정에도 마찰이 없었던 것은 아니다. 서로를 잘 아는 듯 모르는 듯, 애매해서 로맨틱한 전형적인 연인 사이일 때 결혼하기로 했다. 그 이후는 철저한 현실과 계산이었다. 집을 어떻게 마련할 것인지, 어디에 살지, 결혼식은 어디서 할지, 신혼여행은 어디로 어떻게 갈 것인지 결정해야 했다.

눈에 보이는 큼직큼직한 선택보다 자잘한 문제가 한 층 더 고통스러웠다. 그 숱한 결정 모두에 남편과 나의 마음이 맞았을 리 만무하다. 사랑을 이뤘다는 행복감을 느끼면서도, 동시에 이게 맞나 하는 의구심이 살짝살짝 고개를 들었고, 나는 애써 그 감정을 잠재웠다. 많은 사람들이 결혼 준비는 장난이 아니라고 하지 않았나. 나도 그냥 그중 한 명일 것이라 생각했다.

결혼을 한 후의 마찰은 그전과 양과 질적으로 달랐다. 결혼 전엔 귀찮으면 한 끼 굶으면 그만이었던 저녁 한 끼에도 마찰은 있었으며, 내일 해도 그만이었던 설거지 거리에도 마찰이 턱 하고 자리를 잡았다. 용건만 말하고 전화를 끊던 습관적인 내 행동이, 여기저기에 빠지는 내 머리카락이, 치약이 칫솔이 수건이, 그저 숨만 쉬고 있는 나와 남편이 마찰을 만들었다.

마찰이 일상, 일상이 마찰이었다.

내 성격이 생각보다 더 이상한 것일지도 모른다고 생각했다.
결혼이라는 것이 원래 이런 것인가.
다들 정말 이러고 사는 걸까.

나는 혼란스러웠다.

되돌아서 생각해보니 그때가 그나마 나았었다. 점입가경이라는 말은 이런 때 쓰는 게 제격이다. 그래도 남편과 투닥거릴 수 있는 범위였기 때문이다. 하지만 내가 아내라서 생기는 마찰보다 '며느리'라서 생기는 마찰은 내게 상상치도 못한 많은 문제적 감정을 겪게 하였다.
시댁과 부딪히는 것은 문제는 분명한데 해결법이 흐릿하거나 없는 일이었다. 시어머니와 싸우는 것은 남편과 싸우는 것과는 다른 차원의 문제이다. 시어머니께 내 마음을 직접 설명하는 것은 며느리 입장에서는 많은 것을 포기하고 시작해야 하는 일이었다.

나는 섣불리 포기할 수 없었고, 선택의 여지가 없었던 나는 남편을 잡았다.

며느리가 시부모님의 첫 생신상을 '직접 만들어' 모셔야 한다는 것을 결혼 후에 알았다. 물론 남편은 그런 고민을 하지 않아도 됐다. 대한민국에서는 사위가 장인, 장모의 생신상을 모실 필요가 없다. 시아버지가 계신 거실에서 첫째 모유수유를 하라고 하는 시어머니께 어떻게 거절해야 할지 몰랐다. 아이를 낳고는 평균 일주일에 한 번 시댁을 갔다. 어떤 명절에는 나흘 연휴 동안 하루도 빠짐없이 시부모님을 뵈었다.

남편이 술을 많이 마신 날 나와 다투다 홧김에 작은 물건을 던졌다. 충격 받은 나는 무서워서 뛰쳐나왔다. 친정엄마와 시어머니를 저울질하다 나는 시어머니께 전화했다. 어머니는 나를 달래주셨다. 그리고 다음엔 술 마신 사람은 건드리지 말라고 하셨다. 맞는 말씀이었다. 하지만 전화를 끊은 후 내 마음 한 구석이 오래도록 서늘했다.

나는 현실을 깨달아가기 시작했다. '내가 조금 잘못된 길을 가게 되었구나.', '이제는 돌이키기가 매우 힘들겠구나.' 따위의 생각을 했다. 늦은 밤에 남편과 다투다 집을 뛰쳐나가 하염없이 울면서 그네에 앉아있던 기억도 난다. 그때 내 종아리를 간지럽히던 모기에게까지 나는 원망을 퍼부었다. 도대체 내가 왜 이런 감정을 나 아닌 사람에게 느끼고 감당해야 하는지 그 이유를 알지 못했다. 세상은 그런 나를 곱게 커서 세상 물정을 몰랐던 새내기 아내, 혹은 철 없던 새댁이라고 할지도 모르겠으나 당시 나는 제법 심각했다.

결혼을 왜 했는지,
앞으로 어떻게 일상을 감당해야 할지,
막막하고 두려웠다.

02

이럴 수가,
임신이라니

내 몸 안에 심장이 두 개였던 몰입의 시간

　그토록 서툴게 삐걱거리며 적응하던 내가 결혼 후 6개월도 채 지나지 않아 임신을 했다. 숨 돌릴 틈 없이 엄마가 되어버린 것이다. 복잡다단한 감정이었다. 기쁘면서 두려웠고, 막연하면서도 생생하고 구체적이었다. 큰 사건이었다. 드라마의 한 장면이 넘어가는 순간이었다.

　결혼 후 사계절을 다 겪지 않고 임신을 했다. 그전의 엉킨 마음과는 별개로, 아이를 뱃속에 품게 되고 부터는 일상이 경이로움이었다. 열 달 동안 내 몸 안에 뛰고 있을 심장이 두 개라는 객관적 팩트가 끊임없이 새롭고 신비로웠다.

내가 아닌 생명에 그토록 애정을 품는 것은 엄마가 되는 것 외에는 방법이 없다는 생각이 들었다. 내 몸속의 콩알만한 그 존재 자체에 애틋했다. 내 뱃속의 한 생명이 만들어내는 쿵덕거리는 심장 소리를 차가운 초음파 기계를 통해 듣고 난 후, 그저 좋은 엄마가 되어야겠다는 생각에 골몰했다.

물론 일상이 평화로웠던 것은 아니다. 어쩌면 그때 나는 회피했던 것일 수도 있다. 부정적 감정이 사라지거나 해결된 것은 아무것도 없었다. 하지만 불룩한 배를 만지면 그저 내 안의 이 간질간질한 존재에 좋은 것만 주고 싶다는 생각으로 가득 찼다.

태교에 좋다고 해서 임신과 출산에 관련된 책을 닥치는 대로 읽었다. 서른 권 정도 태교 및 출산 관련 책을 읽었다. 그 중에는 아빠가 태교에 동참하여 쓴 책도 있었는데, 그런 책을 본 후엔 남편에게 뱃속 아기에게 태교 동화를 읽어달라고 명령 같은 부탁을 했다. 남편이 남우세스럽다고 안 읽어 주는 날에는 눈물이 났다. ─그건 분명 호르몬 변화 때문이다. 남편은 임신한 아내가 간절히 부탁하는 것은 무조건 들어줘야 한다! ─ 나는 자주 뱃속의 아이와 대화를 했다. 내가 말을 건넸을 때 아기가 발로 배를 뻥 차기라도 하면 나는 세상 행복하게 혼자 배실배실 웃었다.

엄마표가 이때 처음 물꼬를 트기 시작했다. 처음에는 부직포로 된 모빌 2개가 다였다. 좀 더 욕심을 내어 손바느질로 배냇저고리를 만들다 급기야 가정용 재봉틀까지 샀다.(지금 봉틀은 물론 푹 쉬고 있다.) 잠을 줄여가며 이불, 인형, 가방을 만들었다. 임신 중 엄마가 무언가에 집중하면 아이의 뇌가 좋아진다기에 중학교 수학문제를 풀기도 했다. 하루도 빠짐없이 수기로 일기를 썼다.

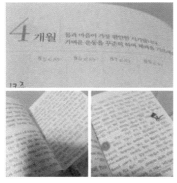

'좋은' 엄마가 되기 위해서 할 수 있는 모든 것을 했다. 돌이켜보면 그것은 모성애라기보다는 일종의 '집착'같은 몰입이었다. 나는 임신에, 엄마 준비에 몰입한 것이다. 당시 한창 유행이던 SNS는 카카오스토리였다. 그 공간에 내가 엄마로서 준비하는 여러 가지를 올려 칭찬을 들으니 마냥 뿌듯했다. 실제로 성취감도 있었고, 아이가 세상에 나오면 잘 키워보겠다는 포부를 다지는 시간이었기도 하다. 다시 누군가 그렇게 반드시 하라고 하면 절대로 하지 못할 만큼 나는 최선을 다했다.

돌이켜 보면 분명, 내가 한 태교에는 과한 면이 있었다. 그것은 아이를 위한 태교가 아닌, 태교를 위한 태교였던 듯하다. 결혼한 지 6년이 넘은 지금은, 갓 결혼한 부부 지인에게 결혼 생활에는 생각보다 더 큰 노력이 필요하다고 꼭 말해준다. 또한 아기를 가지려 한다면 적어도 1년은 둘이서 지내본 후를 계획하라 권하고, 태교는 남편이 아내 맘 편하게 다 맞춰 주는 것이 최상의 태교라고 이야기한다.

38주가 지났다.
양수가 터졌다.

시간을 되돌릴 수만 있다면

뱃속에 있을 때가 제일 편했지

좋은 엄마가 될 준비는 충분히 했다고 믿어 의심치 않았다. 첫 아이가 세상에 고개를 내밀었던 그 날, 예상과는 달리 38주라는 시간이 무색하게 아이가 많이 낯설었다.

아기는 빨갛고 따뜻하고 귀여운 작은 사람이었다. 경이로움, 감격, 벅참과 같은 감정과 동시에 막연함, 불안함이 느껴졌다. 양가 부모님이 다녀가신 후 출산의 여운이 가신 늦은 밤, 이유 없이 눈물이 줄줄 흘렀는데 아직도 정확한 이유를 모르겠다. 아마 급격한 호르몬 변화, 여러 뒤섞인 감정의 분출이었으리라.

그 날 밤 이후 대략 100일간, 나는 처음으로 '시공간과 무관해짐'을 체험했다. 이 시기에 몸이 가장 힘들다. 어제와 오늘의 경계가 불분명했다. 아이는 뱃속에서 밤낮없이 스스로 두어시간 간격으로 자고 일어나기를 반복하기 때문에 태어나서도 그 흐름은 당분간 유지한다. 엄마가 어떤 삶을 살았는지 아기는 상관하지 않는다. 새벽에 배고파 엥 하면 비몽사몽 수유를 해야 했다. 아이와 함께 잘 수도 없고 안 잘 수도 없는 시간이었다.

출산 후 엄마가 가장 기다리는 것은 '100일의 기적'이다. 100일이 되면 그나마 아기가 어제와 오늘을 구분 가능하도록 허락해 준다. 수유를 하는 경우 이쯤 되면 먹는 것도 조금 자유로워진다. 기적이라 부를 만하다. 100일이 되기 전에는 곰이 인간이 되기를 기다리듯 인고의 세월을 거쳐야하는 셈이다.

출산 후 50일이 지난 때에, 커피 생각이 간절해 조심스럽게 몇 모금 마시니 아기가 눈이 빨개져서는 낮잠을 잘 자지 않았다. 내가 먹는 것에 아기가 즉각적으로 반응했다. 좋아하는 땡초도 못 먹었다. 없이 못 사는 커피도 못 마셨다. 잠은 물론 제대로 못 잤다. 인간답게 살려고 하는 것은 엄청난 사치인 시기였다.

100일의 기적이 지나고 조금 정신을 차릴까 말까한 6개월 즈음이 지났을 무렵, 복직을 슬슬 준비하며 산부인과에 가서 자궁경부암 검사를 하러 갔다. 간호사가 내게 말했다.

"자궁경부암 검사를 하기 전에, 임신 여부도 검사해야 해요."

"네? 저 얼마 전에 출산했거든요. 생리도 아직 안 해요. 생략하셔도 될 것 같아요."

"그래도 형식상으로 검사는 해야 해요. 간단하니까 걱정 안 하셔도 돼요."

"네. 그러면 어쩔 수 없죠."

검사를 하고 잠시 후 약간 굳은 표정의 간호사가 내게 말했다.

"강수현 환자님, 임신입니다."

"네???? 저요???? 제가요??????"

소리를 너무 크게 냈던 나머지 병원에 대기 의자에 앉아있던 모든 환자가 나를 쳐다보았다. 그러고 나는 곧바로 엉엉 울었다. 남편에게 전화해서 소식을 전하면서도 어안이 벙벙하였다. 그 이후의 내 삶을 네 글자로 말한다면, '고군분투' 정도가 되겠다.

게다가 둘째를 임신하고는 복직을 해서 만삭이 될 때까지 출근을 해야 했다. 둘째 임신 계획이 전혀 없어서 복직 신청을 하였는데, 이미 모든 업무 분장이 완료였던 터라 변경이 쉽지 않았던 것이다.

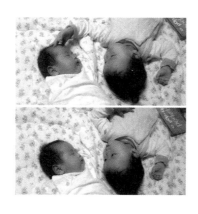

배가 부른 상태에서 첫째를 안거나 업어야 했다. 첫째 태교와는 달리 둘째 태교는 전혀 하지 못했다. 태어나기 전부터 누나와 차별을 받는 둘째에게 죄책감을 느낄 겨를 마저 없이 시간이 흘렀다. 둘째는 첫째가 16개월 때 태어났다.

둘째를 낳고 나서부터는 습관처럼 생각했다.

나는 언제쯤 편해질까?
내 인생이 어쩌다 이렇게 되었지?
엄마는 왜 내 결혼을 적극적으로 말리지 않았을까?

이거 정말… 언제 끝나지?…

내가 전생에 무슨 큰 죄를 지었길래, 끝도 없이 돌을 밀어 올리는 형벌을 받는 시시포스같이 살아야하는지 되물었다. 기가 막히는 건 이 결혼은 내가 선택해서 한 것이라는 점이다. 부모님은 내 나이가 결혼하기 이르다고 반대까지 하셨다. 바득바득 우겨서 한 결혼이었다. 어느 누구의 강요도 아닌 내 선택으로 인해 펼쳐져 가는 내 인생에 대해 스스로 되물었다.

임신 때와는 다르게 육아를 시작하면서 내 마음 속에 크게 자리한 감정은 '억울함'이었다. 내 인생은 송두리째 변했는데 같이 사는 저 사람 인생은 별로 변하지 않았다는 것. 억울했다. 몸이 고되고 힘들었기에 남편이 어서 퇴근해서 집안일을 도와주기를 바랐다. 퇴근 후 피곤한 남편 또한 내 기대에 부응하기는 힘들었고, 결국 임신 전보다 한층 더 강력해진 '마찰'이 우리 일상을 흔들기 시작했다.

연년생 육아는 내 인성의 밑바닥을 보게 했다. 아니, 남편과 서로의 밑바닥을 보았다. 격렬하게 답도 없이 싸우고 또 싸웠다. 시간 외에는 달리 해결책이 없었고, 내겐 그 시간이 억만겁으로 느껴졌다. 급기야 이혼서류를 검색해 출력했다. 아이들을 무척이나 사랑했지만, 다 남편에게 맡기고 그냥 다 그만두고 싶었다. 결국 이혼으로 치닫지는 않았지만 서류를 출력할 때 마음은 이랬다.

모든 것은 아무래도 상관없다.
제발, 제발, 혼자가 되고 싶다.

내가 아이에게 어떤 표정을 짓고 있었을지 생각하면 아직도 마음이 아프다. 당시 누군가가 내게 결혼을 후회하느냐고 물으면 단번에 그렇다고 대답했을 것이다.

매달리듯
답을 찾다

비자발적 독서 시간

내 몸은 하나고, 아이는 둘이다. 24시간 대기조로 살아야 했다. 교대도 없었다. 정해진 휴식도 없었다. 터울이 나지 않았기에 누나에게 동생 육아에 도움을 받는 일은 불가능했다. 아이가 부르면 가슴을 풀어헤치고 젖을 먹였다. 그 와중에 첫째가 배고프다고 울면 '잠깐만, 잠깐만. 미안해. 지민아' 하고 애타는 마음으로 울리는 수밖에 없었다.

고정적인 시간에 씻고 단정하고 인간답게 사는 것은 사치였다. 흡사 내 꼴은 헐벗은 추노였다.

집 아닌 곳에서 친구를 만나는 것이 힘들었다. 가만히 있으면 시간은 흐르고 친구와 자연스럽게 소원해졌기에, 꼭 보고 싶은 친구는 집으로 불러야 했다. 헐벗은 차림으로 가슴을 풀어헤치고 만났다. 친구들은 내 꼴을 보며 우스워하면서도, 안타까워했다. 친구에게 푸념을 늘어놓을 수도 있었지만 이건 겪지 않으면 공감할 수 없기에, 그저 웃을 수밖에 없었다.

그래도 먹고는 살아야할 것 아닌가. 적어도 마트에는 갈 수 있는 인간적인 삶을 살고 싶었다. 집 코앞의 그곳을 다녀오는 데에도 큰 준비가 필요했다. 둘째는 아기띠로 매고, 시야가 온전하게 확보가 되지 않은 채 첫째 손을 꼬옥 잡고 걸어야 했다.

결국 남편을 설득하여 커버력이 좋다는 육중한 무게의 쌍둥이 유모차를 샀다. 제법 거대했기에 혼자 자동차 뒤 트렁크에 싣지 못했다. 화장을 전혀 하지 않아도 30분은 족히 넘게 걸리는 외출 준비였으나, 유일한 콧바람 쏘이는 시간이기에 준비가 즐거웠다.

힘겨운 준비를 끝내고 난 후, 설레는 마음의 룰루랄라 맘 가벼운 외출은 신발장을 벗어난 순간부터 끝났다. 즐거운 마음과는 달리 마트에 다녀오며 거치는 모든 엘리베이터에서, 마트 출입구에서,

다시 말해 사람이 지나다니는 모든 곳에서 연신 죄송하다고 조아려야 했다. 워낙에 유모차 부피가 커서 절로 겸손해졌다. 아이 둘 중 한 명이라도 심기가 불편해 울기라도 하면 그 육중한 것을 밀면서 뛰어 다녔다. 집에 오면, 준비할 때의 설렘은 온데간데없어지고 역시 둘 데리고 하는 외출은 신중해야겠다고 다짐하는 일상이었다.

아이를 자주 안다 보니 왼쪽 어깨가 끊어질 듯 아파 참을 수 없을 때에 한의원에 침을 맞으러 간 적이 있다. 첫째가 어린이집을 간 사이 둘째를 데리고 병원에 가서 아이를 내 옆에 눕혀두고 침을 맞았다. 다른 곳은 전화로 물어보니 아기 데리고 치료 받는 것은 불가하다고 했다. 그나마 그렇게 치료받도록 해 준 한의원 원장님께 감사했다.

아이 중 하나라도 아프면 비상이었다. 둘을 앞으로 뒤로 한 명씩 매고 택시를 타야했다. 당시 비오는 날 아이 둘을 앞뒤로 하나씩 둘러매고 콜택시를 불러 탔을 때 뜨악해하던 기사님 표정이 아직도 생생하다. 셋이 한 장소에서 복작대며 얼굴을 맞대고 사니, 아무리 조심하고 또 조심해도 병이 옮았다. 첫째가 감기에 걸리면 둘째에게 이내 옮았으며, 둘을 동시에 간호하다가 지친 나머지 면역

력이 약해진 틈을 타 마침내 내가 아팠고, 결국 남편까지 간 다음에야 종료가 되었다.

집에 갇힌 삶.

텔레비전은 보려 해도 아이가 옆에서 울거나 뭔가를 요구하면 흐름이 끊겨버려 다시 보기 힘들었다. 아이 부름에 응한 다음에 다시 돌아오면 프로그램은 저 멀리 가 있었다. 무엇보다 허한 내 마음을 달래줄 수 없었다. 답답했다. 심심할 틈은 없었지만 가끔씩 멍해지는 순간이 오면 다시금 내 인생을 고민했다.

그러다 여느 때와 같이 멍한 상태에서 무심코 책을 집어 들고 펼친 그 날 이후로는 틈이 나는 순간에 책을 읽는 것이 가장 편했다.

'멈추면 비로소 보이는 것들'
혜민 스님 책이었다.

나는 눈물 날 만큼 힘들었고
책은 나를 버틸 수 있게 위로했다.

책을 읽어야 사는 듯했다.
허한 마음이 조금씩 채워지고
나와 남편을 이해하기 시작했다.

책은 내 안의 웅크리고 있는 부정적 감정을 응시하도록 했고,
지친 일상에 몸과 마음이 매몰된 나를 객관적으로 보도록 했다.

뉴욕 거리의 밑바닥 인생을 살다가 감옥에 들어간 후, 할 것이
독서밖에 없던 시간을 보낸 맬컴 엑스라는 사람이 있다. 그는 옥살
이를 하며 끊임없는 독서를 했다. 훗날 그는 흑인 해방운동을 주도
적으로 이끄는 장본인이 되었다.

돌이켜보면 마치 맬컴 엑스처럼, 집에 갇혀 있듯이 하루를 보낼
수밖에 없던 시간이었다. 그 시간은 내게 책에 매달리라고 했다.
결코 되돌아가고 싶지 않지만, 그런 시기가 있었기에 독서의 가치
를 진정으로 알게 된 셈이다. 내 인생에 그토록 힘든 육아시간이
없었다면, 독서를 이토록 절실하게 할 수 없었을 것이다. 미칠 듯
이 힘들었기에 독서를 해야만 했다. 독서가 나를 살렸다.

지금에서야 가능하지만 –
그 처절하게 힘든 내 시절에 아주 조금이나마, 감사하려 한다.

05

책을 만나며
달라지다

무심하게 시작

가끔 오랜 기간 음악을 듣지 않다가 오랜만에 좋아하는 음악을 들으면 마치 귀가 샤워를 하는 듯한 쾌감을 느낀다. 그처럼 오랜만에 책을 집어 들고 한 장을 넘겼던 나는 즉시 독서로 마음 샤워를 했다. 묵은 찌꺼기가 빠져나가고 깨끗하고 싱싱한 무언가가 내 마음을 채웠다.

나는 그냥 책을 꺼내 읽었다. 무심하게 눈을 굴려가며 읽었다. 읽다가 아이가 부르거나 울면 아무렇게나 뒤집어두고 달려갔다. 그러다 또 잠시 틈이 나면 다시 뒤집어뒀던 책을 들었다. 그렇게 차츰 독서가 다시금 나의 습관이 되기 시작했다.

오랜만에 만난 책은 내게 객관을 주었다. 객관의 사전적 정의는 이렇다.

'자기와의 관계에서 벗어나 제삼자의 입장에서 사물을 보거나 생각함.'

나는 결혼 후에 휘몰아치듯 변한 내 일상에 매몰되어 내 삶을 객관적으로 보지 못했다. 그런 상황에서 드디어 조금씩 빠져나왔다. 책과 함께 나왔다. 책은 벼랑 끝에서 대롱대롱 매달린 채로 육아를 하던 나를 힘차게 끄집어 올려주었다. 같이 살아가는 아이들도 책을 통해서 새롭게 이해했고, 나 자신도 멈출 수 없던 부정적 감정의 흐름도 잠시 멈췄다.

숱한 아이 관련 EBS 책, 소설, 육아서, 자기계발서, 영어도서 등은 매순간 함께 숨 쉬는 내 눈앞의 아이를 더 잘 알게 해주었으며, 누구보다 잘 안다고 생각했던 남편을 한 발자국 뒤에서 바라보게 했다.

나는 변하기 시작했다.

독서에 빠져들 즈음, 아이에게 책 한 권 더 읽어주는 것보다 내가 책 한 줄 더 읽으며 마음을 다스리는 것이 더 중요하다는 생각이 들었다. 자연스럽게 아이에게 책을 보여주는 횟수는 줄어들었지만, 나는 내 책을 읽으면서 내면의 안정을 차츰 찾았고 덩달아 생활이 안정되었다.

혼자 감당해야했던 억울함, 괘씸함, 막막함과 같은 감정도 부유하던 먼지가 가라앉듯 차분해졌다.

독서로 마음이 풍요로운 사람은 밝은 표정을 가진다.
나는 책을 다시 읽으면서부터 아이에게 조금 더 미소지었을 것이다.

독서 후 찾아온 변화

독서가 좋은 영향을 끼친다는 이야기는 사실 내가 굳이 하지 않아도 세상에 차고 넘친다. 독서가 이런 면에서 좋고, 저런 면에서 좋으니까 꼭 읽어야 한다는 말을 하기보다, 책을 읽으며 나에게 스며든 습관과 작고 큰 변화를 이야기하려 한다.

편안한 마음을 가지게 되었다

육아로 많이 지치거나 힘든 시간을 보낼 때에는 마음의 치유를 위한 독서를 많이 했다. 뾰족한 수를 바라고 읽지 않아도 책을 읽는 시간만큼은 마음이 고요했고, 차분히 나를 보듬어줄 수 있었다. 지금도 힘든 때에는 무의식적으로 나를 보듬어주고 안아줄 책을 찾는다. 책은 그 어떤 위안 보다 값지게 나를 토닥여준다. 조급하고 초조할 때는 여유를 가지라고 조언해주고, 마음이 힘들 때는 그저 흘러가게 두라고 알려준다. 무언가 해내고 싶을 때 목표에 도달하고파 노력했는데 잘 되지 않아 답답할 때 안달복달 하지 않고 여유롭게 기다리는 힘을 주고, 세상 어딘가 존재하는 듯한 인물의 행동과 심리를 보여주며 다른 사람의 삶을 엿보여주며 내 삶을 돌아보게끔 한다.

책을 읽는 사람과 자주 소통하게 되었다

나이를 먹어갈수록 공감의 중요성을 더욱 느낀다. 무례한 사람에게 웃으며 대처하는 법이라는 책에 의하면 공감하지 못하는 사람은 주변을 병들게 한다고 한다. 책을 읽으니 책을 읽는 사람과 소통하는 일이 많아진다. 내가 좋아하는 책을 내가 잘 알지 못하는 누군가가 좋아한다고 하면 은연중에 그 사람에게 친근감을 느낀다. 그 책을 읽으며 내가 느꼈던 감정을 그 사람도 어느 정도 느껐다고 생각하면 서로 공감할 수 있는 사이가 될 거라는 생각이 든다. 실제로 대화를 하거나 소통을 하면 통하는 부분이 있다. 그런 사람과는 꼭 일상을 함께 하지 못하더라도 독서라는 공감의 끈을 통해 인연이 이어진다.

주변 세상에 대해 이해하게 되었다

누구든 자기중심성을 가지고 있다. 나를 비롯한 나의 가족과 내가 속한 지역사회의 일원으로 살아간다. 자기중심성이 과하면 타인에 대한 이해를 하지 못 한 채 이기적인 사람이 되기 쉽다. 사실 세상에 대한 이해를 넓히는 가장 좋은 방법은 독서가 아니라 경험이다. 비교하기 쉽지 않지만 같은 양만큼의 독서와 경험이 있다면 단연 경험이 사람에게 끼치는 영향이 클 것이다. 하지만 모든 경험을 우리가 할 수도 없고 그럴 필요도 없다. 독서를 통한 간접 경험으로 세상에 대한 이해를 넓혀가니 결국 모두가 하나로 통한다는 것을 배웠다. 뉴스를 볼 때도, 보도되는 하나의 사건만을 보는 것이 아니라 그 이면의 것들을 읽으려 노력하게 된 것이다.

인문학적 사유의 폭을 넓히게 되었다

소설과 비소설을 막론하고 책을 읽으면 사유의 폭이 넓어진다. 소설을 읽으며 타인과 나에 대한 이해의 폭을 넓히고, 인문학 고전을 읽으며 시간을 초월하여 인정받는 이야기를 읽으며 성숙한다. 나이가 성숙의 잣대가 아니라는 것은 일찌감치 깨달았다. 나이에 걸맞게 성숙한 사람이 되려면 독서가 필수이다. 같은 현상을 보고도 여러 사람이 다른 생각을 하듯 예전의 나와 지금의 나는 같은 상황을 두고 다른 생각을 할 수 있다. 아직도 미숙한 나지만, 독서의 끈을 놓지 않으며 더 성숙한 생각을 할 수 있는 내가 되길 기대한다.

아이에게 폭넓은 관점과 시각을 알려주려 노력하게 되었다

독서를 하기 전에는 근거 없이 만들어진 나의 생각을 아이가 따라주기를 바랐다. 이제는 강요하듯 무조건 엄마인 내 생각을 따르게 하기보다 어떤 책에는 이런 이야기가 있고, 또 다른 책에는 저런 이야기가 있다고 안내해주려 노력한다. 사피엔스와 호모데우스의 저자 유발 하라리에 의하면, 2040년이 되면 우리가 알고 있는 것은 모두 쓸모없어진다고 한다. 그는 유일하게 가치가 있는 지식은 '자신에 대한 앎'이라고 언급하였다. 아이가 살아갈 세상은 내가 커 온 세상에 비해 상상도 못할 만큼 복잡하고 예측불가한 세상일 것이다. 유연한 사고방식과 밖으로 뻗어나가는 확산적 사고력이 무엇보다 중요한 시대에 엄마인 내가 도와줄 수 있는 것은 꾸준한 독서를 통해 유연한 뇌를 가진 아이로 자랄 수 있게 돕는 것이

전부이다.

아이들이 책을 좋아하는 아이로 자라고 있다

적절한 시기에 맞춰 아이들이 좋아할 만한 책을 꾸준히 읽어주
니 아이들이 책을 장난감처럼 좋아하게 되었다. 한창 추피와 두두
라는 소전집에 빠져있을 때 책을 읽다가 더 못 읽고 자야함에 아쉬
워하는 딸이 귀엽고 기특했다. 엄마가 책을 읽고 즐거워하고 행복
해하니 책이라는 것은 엄마도 나도 즐겁게 노는 것이라 생각한다.

아직 아이가 어려 언제든 책을 싫
어하게 되는 위기가 찾아올 수도
있을 것이다. 그러나 아이들이 지
금 행복하게 책을 읽는 것은, 지금
까지 내가 아이들에게 꾸준히 책을
읽어주고 내가 행복한 독서를 한
소정의 결과라고 생각하면 뿌듯하
고 기쁘다.

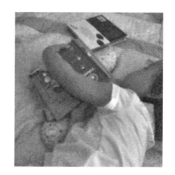

/ 이 맘 때의 나에게 쓰는 편지 /

정말 힘들지? 끝도 없이 이어지는 육아라는 어둠속에서 헤매는 중인 너를 꼭 안아주고 싶다. 그만큼 해내는 데까지만 해도 정말 수고 많았어. 아직 너도 미숙한데, 너보다 더 미숙한 작은 존재를 너는 넘치도록 사랑해주고 있구나. 사실 어떤 면에서는 도망치듯, 벗어나듯 한 결혼이었잖아. 너는 남편과 싸울 때, 왜 결혼 전 친정에서 미리 힌트를 얻었으면서도 고민하지 않고 결혼이라는 걸 했는지 스스로를 원망했었지. 결혼은 하지 않아도 된다는 생각은 왜 못했던 걸까 하며 말이야.

실컷 누구든 원망해도 좋고, 힘들어해도 좋은데 단 한 가지만은 너를 무척 사랑하는 내가 꼭 얘기해주고 싶다. 그 시기 네가 생각하는 것만큼 길지 않을 거라는 것. 영원 같다고 느끼는 그 암흑, 아이에게 머리를 쥐어뜯기고 네가 화장실에 가는 것조차도 쉽지 않고, 커피 한잔 타 먹는 것은 요원한 사치라고 느끼는 억울함으로 가득찬 시기는 결코 영원하지 않아.

너를 미치게 하는 너를 바라보는 그 작은 존재에게
지금 너는 우주인거야.

우주 흉내 내며.
한번 품어볼래?

금방 지나갈 거라고 애기하지는 않을게.
너무 힘들어 하지만 마.
진짜, 끝은 있더라.
힘내. 사랑해.

/ 꽃자리 /

구상

반갑고 고맙고 기쁘다
앉은 자리가 꽃자리니라
네가 시방 가시방석처럼 여기는
너의 앉은 그 자리가
바로 꽃자리니라

앉은 자리가 꽃자리니라

앉은 자리가 꽃자리니라
네가 시방 가시방석처럼 여기는
너의 앉은 그 자리가
바로 꽃자리니라

나는 내가 지은 감옥 속에 갇혀 있다
너는 네가 만든 쇠사슬에 매여 있다
그는 그가 엮은 동아줄에 엮여 있다

우리는 저마다 스스로의
굴레에서 벗어났을 때
그제사 세상이 바로 보이고
삶의 보람과 기쁨을 맛본다

앉은 자리가 꽃자리니라
네가 시방 가시방석처럼 여기는
너의 앉은 그 자리가
바로 꽃자리니라

미라클 독서법

독서로 나는
'나'를 찾았다

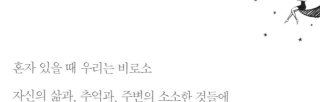

06

나만의 시간(metime)
만들기

혼자 있을 때 우리는 비로소
자신의 삶과, 추억과, 주변의 소소한 것들에
열정적인 관심을 가질 수 있다.

by 버지니아 울프

선택 아닌 필수, metime

엄마가 되어 아이에게 온 맘을 다하다 보면 '나'는 스스로를 후
순위로 만든다. 어떤 시기이든 정기적으로 엄마로서가 아닌 오롯
이 '나'를 위한 시간(metime–미타임)을 만들어야 한다. 미타임은 나

만의 힐링시간을 뜻한다. 엄마에게 미타임은 있으면 좋은 것이 아닌, 반드시 있어야 하는 것이다. 특히 양가 부모님의 도움 없이 오롯이 아이 육아를 전담하는 엄마라면 더욱 필요하다.

아이를 두고 혼자만의 시간을 가져야 한다는 말은 자칫 '거룩한 모성애'를 은연중에 강조하는 사회에 반하는 듯해 보인다. 하지만 미타임으로 육아에서 온전히 벗어나는 시간이 있어야 아이에게 한 번 더 웃을 수 있다. 살림과 육아는 업무가 아니라 잘 해도 성과가 눈에 띄지 않는다. 하지만 조금만 소홀해도 확 티가 난다. 밑져야 본전이라는 말이 꼭 맞다. 보통 아빠는 엄마가 아이를 보고 살림을 해서 문제없이 생활하는 데에 감사함을 느끼기가 쉽지 않다. 일상적인 생활이라 그렇다. 감사함을 느끼지 못하고 아내의 노력을 당연시 여기는 순간 엄마는 지치고 힘들다. 자연스럽게 남편을 원망하게 된다. 이런 상황에 처한 적이 있다면 꼭 미타임을 가지기를 추천한다. 결국 미타임은 나를 위한 것이지만 가족 모두를 위한 일이다.

심리학 용어 중에 '타임아웃'이라는 것이 있다. 아이가 잘못을 저질렀을 때, 흥미를 느낄만한 것이나 참여해야 하는 활동에 완전히 배제를 시키는, 일종의 벌이다. 엄마는 육아에 '역타임아웃'이 필요하다. 힘든 육아에서 완전히 단절되는 시간이 조금이라도 확보되어야 한다. 난 처음에 그것을 몰랐다. 무조건 두 아이 옆에 하루 종일 붙어있는 것만이 좋은 엄마의 길이라고 생각했다. 힘들고 지쳐서 아이에게 화가 나면, 그건 내가 좋은 엄마가 아니기 때문이라 생각했다.

내가 '혼자 있는 시간이 없어서'라고 생각하지 못했다.

둘째가 돌이 될 때까지 나는 마치 내가 이 세상에서 없어지는 듯한 느낌을 종종 받았다. 내가 주체적으로 무언가를 할 수 없었기 때문이다. 거창하고 대단한 것을 하려고 하는 것이 아니었다.

★ 믹스 커피를 마시고 싶어 커피를 타고 마시려는 순간이었다.
– 커피가 채 식기 전에 아이가 울부짖는다. 못 마신다.

★ 화장실에서 급한 일을 보러 들어갔다.
– 아기가 힘차게 기어 들어온다. 급하게 정리하고 나간다.

★ 남편 퇴근 후 남편에게 아이를 맡기고 집안일을 하려했다.
– 아기가 정확하게 '엄마'라고 하며 소리치며 운다.

처음에는 애써 외면하다가 넘어가는 듯한 아기를 안는다.

★ 첫째가 울고 있는데 둘째가 울기 시작했다.

그야말로 멘붕이다. 둘이 동시에 울 때에는 정말 정신이 하나도 없다. 나는 누군가, 여긴 어딘가를 되뇌이게 된다.

매사가 이렇다. 엄마는 언제든 아이 요구에 즉각적으로 반응해야하는 삶을 살아야하는 것이다.

생각보다 육아가 힘들어 지쳐있다는 생각이 든다면,
육아가 힘들다는 것을 몰라주는 남편이 얄밉다면,
가끔이라도 나를 힘들게 하는 아이가 밉기까지 하다면,
미타임이 시급하다.

당장 잠시라도 긴급 수혈하듯 미타임을 가져야한다.

나를 살리는 미타임 만들기

미타임을 어떻게 만들지?

✔ 방문만 닫으면 혼자 있게 되는 거잖아. 남편에게 아이를 잠시 맡기거나, 친정 엄마 오시면 잠시 미타임 가져야지 → NO!

휴식으로는 적절하다. 그러나 거실에는 아이가 울고 있고, 나 혼자 방에서 문을 닫고 있는 것은 진정한 미타임이 아니다. 방에 혼자 들어가 쉴라치면 아이가 울 수도 있다. 아기를 세상에서 가장 잘 달래는 사람은 엄마이기에, 아이는 엄마가 아닌 다른 사람이 안아주고 어르고 달래도 잘 그치지 않는다. 이내 엄마는 마음이 약해진다. '내가 못난 엄마라 아이를 내팽겨치고 울리고 있네. 남편이 나를 대신할 수 없는데 어찌 내가 저렇게 우는 아이를 내버려 둬.. 미타임은 무슨. 아이가 다 크면 혼자 있지 않으려고 해도 혼자 있는데. 달려가서 안아주자.'

이렇게 나 혼자 방문 닫고 가지는 미타임은 죄책감을 견뎌야 하거나, 아니면 결국 달려가서 아이에게 미안함을 표하며 안아 주게 된다.

✔ 아이가 잠만 자면 다 내 시간이지. 그때 미타임 가지면 되겠다. → NO!

아이가 잠 들어야만 미타임을 가지는 경우가 가장 자연스러운 것이라 생각하기 쉽지만, 이도 그리 바람직하지 않다. 우선, 아이를 재워야만 내 미타임이 가능하다면 아이가 자지 않을 때 원망하는 마음이 생긴다. 엄마도 사람이다. '조리원에 그 엄마 아이는 잠도 일찍 자고 새벽에도 안 깬다더니 내 아이는 왜 이렇게 잠 들지도 않고 피곤하게 하는 거야. 그 친구는 복 받았네. 왜 우리아기는 쪽쪽이가 소용이 없는 거야. 쪽쪽이를 벌써 2개나 샀는데. 다른 종류로 또 사서 물려봐야 하나. 서서 재우기 벌써 20분 째야. 오늘은 30분 안에 재우고 싶었는데. 얘는 왜 이렇게 안 자!' 이런 생각하는 사이 아기띠를 안고 아이 엉덩이를 토닥이는 손에 살짝 힘이 들어가기도 한다. 육아서에 나오는 미소 짓는 엄마는 거기에 없다.

또 아이가 겨우 잠들어 방문을 닫고 나온 이후에도 마냥 기뻐하기보다 한탄과 한숨을 곁들인다. '아, 오늘도 이제야 끝났구나. 너무 힘들어. 아기 재우는 건 왜 늘 내 몫이야? 남편은 육아를 아예 하지 않을 작정인가? 아이 수면에 문제가 있는 것 같아. 카페에 글 좀 찾아봐야지.'

이는 결국 미타임을 아이 리듬에 맡기는 것이다.

✔ 일주일에 한 번, 일요일 밤 8시부터 9시까지는 내 미타임이야. → YES!

요일과 시간을 정하고 미타임을 가지는 것은 엄마를 설레게 한다. 학창시절에도 플래너에 '놀 계획'이 더 공부할 힘을 주지 않았나. 어떻게든 할 것을 다 했을 때 제대로 나에게 보상하듯 쉬는 시간을 주면, 나머지 시간 효율이 부쩍 높아진다. 육아도 마찬가지다. 어떻게든 미타임 전까지 버티고 나면 잠시 해방을 만끽한다. 온전히 나만을 위해 보낼 그 시간을 위해서, 그 전까지 아이에게 더 많이 웃어주게 된다. 절로 힘이 솟는다. 미타임에 아이를 전담할 남편에게도 고마워서 말도 예쁘게 나온다.

우선, 넘어야할 작은 산 1호는 남편이다. 남편이 늦게 퇴근하더라도, 혹은 주말부부라도 예외 없이 실행할 수 있는 계획을 만들어야 한다. 모든 부부의 상황이 다르기에 정해지는 바는 없지만 일주일에 적어도 30분에서 1시간은 확보해보자. 남편에게 나의 힘겨운 상태를 표현하자. 표현해야 알고 이해한다. 혼자 있는 시간이 있어야함을 반드시 알리고 설득하자.

만약 아무리 애를 써도 그것 또한 불가능하다면 차선책으로 한 달에 두 번이라도, 베이비시터 이모님을 구하자. 나의 지친 일상을 정화할 시간을 스스로에게 줘야 한다. 남편에게 값비싼 선물로 육아에 대한 보상을 받지 말고, 나만을 위한 시간을 선물로 받는 것이 나를 더욱 행복하게 하는 일임을 잊지 말자.

　나의 미타임을 만들자. 고민 끝에 일정한 요일과 시간에 미타임을 확보했다면 남편에게 양보하지 않는 뚝심은 필수다. 남편도 육아의 '쓴 맛'을 알아야 한다. 아는 만큼 이해하고 겪은 만큼 공감하는 것이다. 남편은 표면적으로는 아내가 힘들다고 생각할 것이다. 하지만 겪어보지 않으면 얼마큼 힘든지 제대로 안다고 할 수 없다. 남편에게 아이 잠시 보라고 하고 다른 곳에 다녀왔는데, 진짜 아이를 '쳐다보기만 하는' 남편이 있었다는 에피소드가 괜히 있는 것이 아니다. 여러 차례 겪어보면 육아가 보통일이 아니라는 것을 몸소 체험하고, 아내에게 시간을 내어주는 것을 기꺼워할 수 있다.

미타임에는 어딜 가지?

　시간을 확보했다면 아기가 있는 곳에서 잠시 벗어나자. 만약 아이가 기관에 다닌다면 정기적인 미타임 확보가 가능하기에 꼭 집 밖이 아니어도 된다. 하지만 하루 종일 아이와 붙어 있어야하는 엄마라면 미타임에는 꼭 집을 벗어나 다른 곳에서 시간을 보내자. 카페도 좋고, 서점도 좋고, 간단한 쇼핑을 해도 좋다.

미타임에는 뭘 하지?

무엇이든 나를 위한 것이면 된다. 내가 '선택'해서 행동하는 무언가를 할 수 있는 시간이 미타임이다. 멍 때리고 있어도 좋다. 아무것도 하지 않는 것도 내가 선택하는 것이기 때문이다. 집에서는 그게 불가능하지 않던가. 서점에서 책을 둘러보는 것도 좋고, 시간이 많이 난다면 혼자 영화를 보는 것도 좋겠다. 쇼핑도 기분 전환에 좋다. 다만 미타임에 쇼핑을 할 때는 아이와 남편 것을 보지 말고 나의 물건을 봐야한다.

미타임에는 반드시 '나'만을 위해 시간을 보내자.

미타임이니까 독서해야지

"정신없는 육아 속에서 '나'를 위한 것이라고는 얼린 몽쉘이 다인 이 시기 …… 그래도 오롯이 '나'로 돌아가는 시간이 있다면 육아서를 제외한 독서를 할 때이다. 나의 일상과 전혀 관계없는 소설을 읽을 때나, 일상과 관계가 있지만 나의 습관이나 감정 컨트롤에 관한 책을 읽으면 내가 비로소 내가 되는 느낌이다.

그래서 나는 이 와중에도 책을 놓을 수 없다. 나의 존재를 느끼기 위함이다."

– 2015년 12월의 횡설수설 블로그 기록

미타임에 할 수 있는 것 중 독서는, '내'가 살아있음을 느끼게 하는 가장 쉬운 방법이다. 누군가는 '쉬는데 무슨 독서야.' 라고 생각할지도 모른다. 독서를 하면 내 에너지를 더 뺏길 수도 있다고 생각하기에 독서는 휴식이 아니라고 생각한다. 실은 그렇지 않다. 독서는 에너지를 뺏어가는 행위가 아니라, 오히려 에너지를 얻는 방법이다.

독서를 통해 엄마가 아닌 나라는 사람이 여전히 존재한다는 것을 인식한다. 육아로 지친 마음을 위로 받는다. 다시 일상을 살아갈 힘을 낼 수도 있고, 지금은 힘들지만 이 힘든 시기를 지나 언젠가 다시 꿈을 이룰 것을 희망한다.

'미타임에 독서라니.'는 틀렸다.
'미타임이니까 독서해야지.'가 맞는 말이다.

나 지금 뒤쳐지고 있는 거, 아닐 거야 +
시간은 상대적이다. 모두에게 똑같이 주어진 시간이라는 녀석은 역설적이게도 모두에게 다르게 흐른다. 사람마다 처한 상황과 그 상황에 대한 마음이 다르기 때문이다.

"민들레가 드디어 피었구나. 이제야 봄이 왔구나. 어서 여름아 와라!"

무언가를 기다리는 사람은 계절 변화에 민감해지고 관심 없던 자연에 관심을 기다린다. 꽃을 보고, 나무를 본다. 힘들 때는 시간이 더디 흐른다. 아내로만 살아가다 엄마로 살게 되니 시간의 밀도가 높다. 진하고, 성긴 시간이다.

20대에 마냥 재미있다고 신나게 들었던 노래가 기억이 난다.

'나는 별일 없이 산다. 뭐 별다른 걱정 없다. 나는 별일 없이 산다. 이렇다 할 고민 없다'

혼자였다면 설렁설렁 '별일 없이, 별다른 고민 없이' 지나갈 나의 하루가 육아로 인해 그 어느 순간도 가볍게 지나가지 않고 여러 허드렛일로 가득가득 채워진다. 아이 얼굴에 두드러기는 왜 갑자기 올라오는지, 열이 38.4도인데 해열제를 먹여야 할지 말아야 할지, 1시간 째 갖은 수를 써도 달래지지 않는 아이에게 무슨 문제가 있는 건지. 이 전집은 들여야 할지 말아야 할지... 어쩌다 한 번 정신없이 바쁜 하루를 사는 것이 아니라 고민과 걱정과 선택에 대한 갈등으로 꽉 찬 인생을 살고 있다.

결혼 안 한 친구들은 나보다 나아 보인다. 해외여행을 얼마 전에 가더니 이번에 또 가서 마치 화보와 같은 사진을 SNS에 올려 두었다. 나의 시간은 이렇게 꽉꽉 채워져 더디 흐르는데 나만 빼고 다 빨리 지나간다. 저번에 서점에 가니 또 새로운 제목과 낯선 용어가 매대를 가득 채우고 있었다.

하지만_
이렇게 온전히 내 삶을 아이에게 퍼줄 수 있는 시기는 생각보다 그리 길지 않을 것이다. 다시는 돌아오지 않을, 어쩌면 아주 예쁜 시기일지도 모른다.

아기는 온전히 제 몸을 타인에게 맡기고 최대한 수동적으로 생명을 이어나가고 있다. 나에게 이토록 순수하게 제 목숨을 맡기고 존재하는 타인이 내 자식 말고 또 누가 있을까. 나에게 온 몸과 마음을 다해 전적으로 의지하는 이 조그만 사람에게 내가 엄마로서

할 수 있는 것은 그저 성심성의껏 옆에 있어 주는 것.

　그것이 '엄마의 일'이다.

　4살만 되어도 엄마 품을 떠나기 시작한다.

　10살만 되어도 엄마보다 친구를 더 찾는다.

　아이는 지금 잠시 내 옆에 머무르는 손님이라고 한다. 지치고 힘든 것도 이 손님이 훌쩍 가고 나면 없어질 것이다. 아마도 그때는 미치도록 힘든 지금을 그리워하지 않을까. 완벽한 엄마가 아니어도 좋다. 인생의 한 페이지를 써 내려 가는 지금, 내 인생은 부정적인 감정마저도 아름다움으로 기록 되고 있을 것이라 믿는다.

　나는, 지금 뒤쳐지고 있는 것이 아니라 여물어가고 있는 것이다.

/ 풍경 /

이름 없는 언덕에 기대어 한 세월 살았네.

한 해에 절반쯤은 황량한 풍경과 살았네.

꽃은 왔다가 순식간에 가버리고

특별할 게 없는 날이 오래 곁에 있었네.

너를 사랑하지 않았다면

어떻게 그 풍경을 견딜 수 있었을까.

특별하지 않은 세월들을 특별히 사랑하지 않았다면

저렇게 많은 들꽃 중에 한 송이 꽃일 뿐인

너를 깊이 사랑하지 않았다면.

엄마 독서
준비 운동

책 읽기는 영화 보기보다 쉽다

아기가 어릴 때 책을 읽는 것은, 그 시작이 힘들다. 독서를 할 명분보다 하지 않을 명분이 훨씬 더 많기 때문이다. 지금 당신이 추노꼴이어도 괜찮다. 몸 씻는 것보다 마음 씻는 것이 더 쉬우니 해야 할 무수히 많은 일들을 잠시 멈추고, 아이가 나를 잠시 놓아주는 이 때, 독서 준비 운동을 해 보자.

우선 필요한 것은 책을 읽겠다는 필사적인 마음 –
그 다음엔 눈길을 책에 주기 시작하는 성의 –
마지막은 손에 책을 집어 들고 펼치는 조금의 노력 –

참, 별 것 없다.

그것으로 모든 준비가 끝났다.

문화체육관광부가 발표한 '2017년 국민독서실태조사'에 따르면 종이책 독서량은 성인 평균 8.3권으로 집계됐다. 한 달에 한 권이 채 안 되는 독서량이다. 심지어 2016년보다 더 줄어들었다. 안타깝기 그지없다. 많은 사람들이 아직도 책과 거리가 멀다. 읽는 사람만 읽는 것이다. 그렇다면 영화는 어떨까. 영화는 책보다 대중적이다. 1000만 관객은 있어도 1000만 독자는 드물다. '오늘 영화나 한 편 볼까?'는 있어도 '오늘 책이나 한 권 읽을까?'는 없다. 영화를 즐겨 보는 사람은 영화를 보는 것이 힘들다고 생각하지 않는다. 부담을 느끼지 않는 것이다. 반대로 생각하면 많은 사람들이 책은 어려운 것이라 생각하고 있다. 독서를 나랑 상관없는 사람이 하는 것이라 생각한다.

아직도 책 읽기가 멀게 느껴진다면 애써서 발상을 전환해 보자. 책은 거창한 무언가가 아니라 내가 궁금한 것에 대한 답을 가진 기록물이다. 지금 당장 질문을 하나 떠올려보자.

• 저녁에 뭘 먹을까?

- 다음 주말에 어디가지?
- 아이를 어떻게 키워야할까?
- 그 친구가 했던 말에 상처받았는데 마음이 힘드네. 어떻게 마음을 추스르지?

내가 하고 싶은 것, 나에게 필요한 질문이면 더 좋다.

지금 당장 떠올린 모든 질문에 세련된 답을 주는 것이 바로 책이다.

인터넷을 통해 정보를 얻을 수도 있지만 인터넷을 통한 정보는 단편적이다. 근거 없이 떠도는 정보가 많고 체계적이지가 않다. 당신이 어떤 질문을 어떻게 던지든, 수없이 많은 사람들이 당신이 읽기 쉬운 방법을 고민하며 답을 이미 내 놓았다. 읽지 않을 이유가 없다.

책을 읽는다는 것은 그들이 남긴 글로 지혜를 본받는 것이다.

책을 읽는다는 것은 그들의 머릿속 재밌는 이야기를 듣는 것이다.

책을 읽는다는 것은 그래서 내 삶이 풍요로워지는 것이다.

우리가 할 일은 감동할 준비를 하고 책을 펼치는 것이 전부다.

나보다 먼저 육아로 인해 충격 받고, 고민한 언니의 흔적이 도서관에 있다. 어떤 문제를 겪고 나름 답을 찾고 알려주려는 그들의 친절함이 서점에 있다. 질문하고, 답을 찾으러 가보자. 나는 더욱 더 많은 엄마가 독서를 하고, 아이들도 그런 엄마에게 좋은 영향을 받아 온 나라 국민 독서량이 많이 늘기를 간절히 꿈꾼다.

책은 오래전부터 이미 당신을 기다리고 있다.

독서 편식을 버리자

사람마다 책을 읽는 이유는 가지각색 다르다. 누군가에게 독서는 힐링이고 누군가에게는 정보 습득이다. 누군가에게는 처세술을 배우기 위한 목적, 또 다른 이에게는 공감 받기 위함이다. 어렸을 때 나는 주로 지적 욕심 때문에 책을 읽었다. 아는 것이 많아 보이는 사람이 멋져보였다. 나도 그런 사람이 되고 싶었다.

그런데 아이러니하게 내가 정말로 책을 좋아하게 되었을 때는 앞서 이야기한 것처럼 인생에 고민이 치열했을 때였고, 무언가를 새롭게 알고자하는 욕심을 버렸을 때였다. 위로가 되는 책들만 읽다보면 나를 위로해 주지 않는 책은 처음부터 거르게 된다. 책을 덮으면서 그래 내 말이 이 말이야 하며 내 생각만 공고히 하는 독서는 처음에는 위로로서의 의미는 있겠지만 길게 보면 큰 변화를 일으키지 못한다.

카프카가 말했다. 책은 우리 내면의 얼어붙은 바다를 깨는 도끼라고. 카프카의 말처럼 책이 얼어붙어버린 우리의 의식을 깨뜨리는 도끼만큼 큰 영향을 끼치지 않아도 좋다. 다만, 독서 편식이 있다면 벗어나 내 맘에 좀 들지 않아도 한두 권씩 읽어 내보길 권하고 싶다. 내 생각을 변화시키고 새로운 의식과 시각을 불어넣어주는 독서를 해야 내가 앞으로 나아가며, 점차 나은 사람이 될 수 있을 것이다.

'나' 마인드맵을 통해 독서 방향을 찾아라

친구와 약속을 잡으면 나는 곧장 맛집 검색을 한다. 오랜만에 만난 친구와 함께하는 시간은 한정적이고 세상에 맛집은 너무나 많다. 또 나는 여행을 좋아한다. 세상에는 가보고 싶은 도시가 정말 많다. 여행을 아무리 좋아한다 하더라도, 세계 각국 모든 도시를 다 다닐 수 있을까? 그럴 수 없다.

내가 맛집을 검색하고, 여행지를 선택할 때 무엇이 기준이 될까? 여러 말 할 것 없이 바로 내가 먹고 싶은 음식, 내가 가고 싶은 여행지가 기준이 된다. 여러 블로그 사진을 보고, 나와 친구의 거리를 감안하여 맛집을 선정한다. 여행지도 마찬가지이다. 내가 여행하는 목적이 관광인지 휴양인지, 함께 가는 사람이 우리 가족인지 친구인지 등에 따라 여행지를 선정할 것이다.

독서도 마찬가지이다. 블로그에서 맛집 고르듯, 가고 싶은 여행지 고르듯 책을 골라 읽으면 그만이다. 공부에는 왕도가 없다고 한다. 그렇기에 동시에 수많은 공부법이 존재한다. 독서법도 마찬가지이다. 왕도와 같은 독서법은 없다. 각자 상황에 따라 자신에게 맞는 독서방법을 찾아 실천하면 그게 가장 좋은 독서법인 것이다.

아기가 어릴수록 엄마는 온 관심이 아이에게 쏠려 있기 때문에 정작 내가 무엇을 좋아했는지, 스스로 어떤 미래를 그리고 있는지 잘 인지하지 못하는 경우가 많다. 독서 습관은 잡혀있는데 어떤 책을 읽어야 할지 갈피를 못 잡을 때는 '나'마인드 맵을 통해 읽고 싶은 책과 읽어야 할 책을 스스로 알아차리자. 설령 취향이 분명하다 하더라도 나를 중심으로 두고 뻗어나가는 마인드맵을 그리며 내 관심 독서 분야를 구체화, 세분화할 수 있다.

독서 방향 잡는 '나' 마인드 맵

1) 우선 백지 한 장과 펜 하나를 준비하자.

2) 내 이름을 중앙에 쓰고 동그라미를 그린다.

3) 그 이후에는 자신을 대표하거나, 관심을 가지는 4~5분야의 키워드를 정한다.

4) 중앙부터 가지를 뻗어나가며 키워드를 세분화한다.

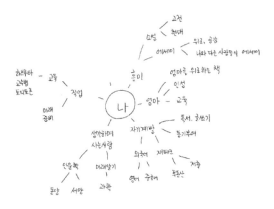

이렇게 마인드맵을 그려보면 나의 관심사가 한눈에 들어온다. 이 활동은 내가 엄마로 살고 있지만 여전히 좋아하는 것 많고 궁금한 것 많은 평범한 사람이라는 것을 알아챌 수 있게 해 주었다. 나에 관해 의외로 내가 잘 모르는 경우가 많다. 한 번에 깔끔하게 잘 그려지지 않아도 좋다. 관심사가 도통 생각이 나지 않으면 도서관

에서 도서 분류 기분이 되는 한국십진분류표를 참고하면 도움을
받을 수 있다.

한국십진분류표

참고자료 : 한국십진분류법 제5판, 한국도서관협회

000	총류	100	철학	200	종교	300	사회과학	400	순수과학
010	도서학_서지학	110	형이상학	210	비교종교	310	통계학	410	수학
020	문헌정보학	120	?	220	불교	320	경제학	420	물리학
030	백과사전	130	철학의 체계	230	기독교	330	사회학	430	화학
040	?	140	경학	240	도교	340	정치학	440	천문학
050	연속간행물	150	동양(아시아)철학	250	천도교	350	행정학	450	지질학
060	학회	160	서양철학	260	신도	360	법학	460	광물학
070	신문, 언론	170	논리학	270	힌두교_브라만교	370	교육학	470	생명과학
080	일반전집, 총서	180	?	280	이슬람교(회교)	380	민속학	480	식물학
090	향토자료	190	윤리학, 도덕철학	290	기타 제종교	390	군사학	490	동물학
500	기술과학	600	예술	700	어학	800	문학	900	역사
510	의학	610	건축술	710	한국어	810	한국문학	910	아시아
520	농학	920	조각	720	중국어	820	중국문학	920	유럽
530	공학, 공업일반	630	공예, 장식미술	730	일본어	830	일본문학	930	아프리카
540	건축공학	640	서예	740	영어	840	영미문학	940	북아메리카
550	기계공학	650	회화, 도화	750	독일어	850	독일문학	950	남아메리카
560	전기공학, 전자공학	660	사진술	760	프랑스어	860	프랑스문학	960	오세아니아
570	화학공학	670	음악	770	스페인어	870	스페인문학	970	양극지방
580	제조업	680	연극	780	이탈리아어	880	이탈리아문학	980	지리
590	가정학	690	오락, 운동	790	기타 제언어	890	기타 제문학	990	전기

네 가지 방법! 독서의 기본

자신만의 방식으로 이미 자유롭게 책을 읽고 있다면 아래의 여러 방법들은 그저 소소한 팁일 뿐이다. 독서가 아직 습관이 되지 않았다면 아래를 읽고 할 수 있는 방법을 선택해 독서에 접목시켜 보자.

① 정독과 다독

〈정독〉

정독은 뜻을 새겨가며 정확하게 읽는 독서방법을 뜻한다. 읽는 속도는 늦을 수밖에 없다.

정독은 쉽게 얘기해서 어렸을 적 시험공부 할 때처럼 책을 꼼꼼히 읽는 것이다. 필요하다면 필기구를 적극적으로 활용한다. 경제나 역사 분야에 문외한인 나는 해당 분야의 책을 읽을 때면 옆에 노트를 놓아두고 책을 읽으며 핵심 내용을 추려가며 필기한다. 포스트잇에 요약을 하기도 하고, 형광펜으로 암기할 키워드에 줄을 그어두기도 한다. 확실히 단어 하나하나의 뜻을 알고 지나가야 할 내용이 있는 경우에는 꼭 정독을 한다.

〈다독〉

다독은 말 그대로 많이 읽는 방법이다.

다독은 일상이다. 늘 손에 책을 쥐고 놓지 않으면 자연스럽게 다독하는 일상을 살게 된다. 다독을 하려면 어려워 보이는 책이라도 우선은 가벼운 마음으로 슥 읽어 내려가야 한다. 한 문장 한 문장 다 곱씹어가며 읽으면 다독을 행하기가 쉽지 않다. 정독할 가치가 있거나 반복해서 읽을 가치가 있다면 따로 챙겨뒀다가 다시 읽는다.

다독의 기준은 사람마다 다를 것이다. 지나치게 다독만을 강조하며 '하루에 한 권씩'처럼 자신의 상황에 맞지 않게 많은 책을 목표로 세우는 것은 결코 권하지 않는다. 내용보다 읽는 양에 집착하게 되는 것은 주객전도이다. 책을 읽는 것 자체가 목표가 되는 것은 옳지 않다. 책을 읽는 절대적인 양에 집착하면 독서를 하면서 겪는 사색의 질이 떨어지고 놓치는 내용과 감정이 많다. 시야가 좁아지고 조급한 마음으로 독서를 하게 된다. 이를 터널 시야 현상이라 부르기도 한다. 현상을 제대로 이해하거나 파악하는 능력이 저하되기 때문이다. 어디까지나 독서는 더 나은 삶을 살기 위해서 위한 것임을 잊지 말자.

② 반복독과 발췌독

〈반복독〉

반복독은 읽은 책을 다시 읽는 것을 뜻한다.

나는 읽은 직후의 마음을 다시 다지고 계속해서 이어가고 싶은 책이 있다면 그 책을 일정한 기간을 잡고, <u>하루에 한 꼭지씩 다시 읽는다.</u> 특히 자기계발서와 같은 책은 처음부터 끝까지 다 읽고 나서 읽은 직후의 마음을 이어가기가 쉽지 않다.

하루에 작은 목차 한 꼭지 읽기의 효과는 대단히 크다. 작은 한 꼭지를 읽는 것은 시간상 얼마 걸리지 않는 경우가 많다. 읽을 때는 가볍게 읽지만 나에게 미치는 영향은 한 번에 몰아서 보는 것보다 더 크다. 이미 한 번 읽었기 때문에 쉽게 읽히고, 읽고 나서 다시 음미하며 읽게 되기 때문이다.

두 번째 읽을 때는 처음 읽을 때 보지 못했던 의미가 읽히기도 하고 처음 불끈불끈한 의지가 유지되어 일석이조이다. 밑줄을 그으며 의미 있는 문장을 곱씹으면 독서 효과가 배가 된다.

<u>어려워서 건너뛴 부분이 많은 책도 처음 읽은 시기를 조금 지나 반복해서 보아야 한다.</u> 시간차를 두지 않고 바로 읽으면, 반복독 효과가 떨어진다. 잠을 자는 사이에 뇌는 사람이 깨어있으며 활

동할 때 입력된 정보를 정리하고, 배열한다. 독서도 마찬가지이다. 책 한 권을 읽고 잠시 그 책과 멀리 떨어져 있다가 시간의 숙성을 거친 다음 다시 읽으면 새롭게 읽힌다. 어떤 책을 처음 읽으면, 그 내용을 내 뇌가 나름대로 정리하고 머릿속 한 켠에 저장시켜 놓는다. 반복독은 다시 읽으며 이전에 읽어 머릿속에 저장된 내용을 더 섬세하고 구체적으로 다듬는 작업이다. 이미 머릿속에 큰 틀이 잡힌 내용을, 다시 읽으며 구체화하는 활동이기에 처음만큼 책이 어렵게 느껴지지 않는다.

〈발췌독〉

발췌독은 필요한 부분만 찾아 읽는 독서방법을 말한다.

출판사 등록일자부터 책 속 모든 글자를 토씨하나 빠뜨리지 않고 다 읽어야 직성이 풀린다는 어느 지인의 이야기를 전해 들었다. 직성에는 풀릴지도 모르겠으나 그리 바람직한 독서습관은 아니다. 스토리가 있는 소설과 같은 책 외에는 모든 내용을 완벽하게 소화하겠다는 욕심을 버리고 편하게 보자.

실용서의 경우에 책을 펼쳐 목차를 보고 내가 얻을 것이 있는 부분을 골라 읽어라. 사실 책을 통해 저자가 말하려는 메시지가 책 전체에 있는 것은 아니다. 책 전체를 다 읽어야 좋은 독서라는 고정관념을 버리자.

③ 눈자국 남기며 책을 더럽(The love)게 하자

읽다가 기억할 만한 귀한 부분은 책을 더럽히며 눈자국을 만들어라. 내 걸음이 지나간 자리는 발자국, 내 눈이 지나가는 길엔 눈자국을 만들자. 도구는 내가 좋아하는 색깔의 펜, 색연필, 형광펜. 책을 더럽게 한다는 것은 책을 사랑한다는 것이다. 책과 내가 진한 시간을 보낸다는 말과 동일하다. 눈자국을 남기면 그것이 내 마음 자국이 된다.

✔ **좋은 문장이 있는 부분 귀퉁이 접기**

나는 책을 처음 읽을 때 자유롭게 누워 읽을 때가 많다. 아이가 잠이 든 직후에 지친 내가 침대 머리맡에 굴러다니던 책을 손에 든다. 침대에는 필기구가 없고, 나는 역시나 필기구 가지러 가는 게 귀찮다. 그런 때에 좋은 문장이나 내용을 만나면 바로 귀퉁이를 접어둔다. 다시 책을 펼쳤을 때 귀퉁이가 접힌 부분을 펼쳐, 어떤 부분에 내가 꽂혔었는지 찾는 것도 쏠쏠한 재미가 있다.

✔ **감정이 솟구친 부분에 내 마음 꼬리표 달기**

저자가 표현한 생각에 동의하는 부분도 있고, 영 아니다 싶은 경우도 있을 것이다. 공감이든 비판이든, 혹은 뻗어나가는 나의 생각이든 읽을 때 날 것 그대로의 생각을 기록해두면 나중에 내 생각의 흐름을 읽을 수 있다. 기록하는 날짜를 정확하게 기록해두면, 시간이 흐른 후 다시 보았을 때 오래전 나의 생각을 알 수 있어 깨알같이 새롭다.

✓ 내가 좋아하는 색깔의 펜으로 밑줄 긋기

색깔은 2~3가지 정도가 적당하다. 1가지는 심심하고, 4가지는 산만해진다. 그냥 접는 수준으로 지나치지 않고 필기구를 들고 책을 읽으면 훨씬 더 집중해서 책을 읽는 나를 발견할 것이다. 밑줄을 긋지 않더라도, '밑줄을 그으려는 마음'으로 중요한 부분이나 감동받는 부분을 만날 준비를 하고 읽게 되는 좋은 방법이다.

✓ 포스트잇에 감상 써두기

그래도 결코 책을 더럽게 하고 싶지 않다면 손가락 한 마디만한 크기의 정사각형 포스트잇을 사용하여 감상을 기록하자.

책은 아끼라고 있는 것이 아니다. 아껴서 책꽂이에 꽂아두기만 할 이유가 없다.

책을 눈자국을 남기는 모든 행동은 책에 생명을 불어 넣는다.

요즘에는 많은 사람들이 책의 인상 깊은 글귀나 감동적인 문구를 SNS에 공유한다. 참 고마운 일이다. 그렇게 기록해주는 덕분에 내가 책 한 권 전체를 읽지 않아도 간접적으로 감동적인 부분이나 인상 깊은 구절을 읽은 효과를 얻을 수 있다. 나는 기분이 울적한 날에는 힘이 되는 글귀를, 목표가 생겼을 때는 의지를 다지는 문구를 찾는다. '목표설정', '감동글귀', '위로글귀' 등 자신이 원하는 글귀를 검색해보자.

책을 읽다가 좋은 글귀를 발견하면 SNS에 바로바로 사진 찍어 올리는 것도 좋다. 소통과 기록을 겸하는 방법이다. '책읽는 엄마'라고 태그를 검색하면 무수히 많은 독서하는 엄마를 만날 수 있다.

④ 빌려 읽기 vs 소장하기

〈빌려 읽기〉

세상에는 책이 너무 많다. 모든 책을 살 수 있다면 고민할 필요가 없겠지만 그럴 수는 없는 노릇이다. 이럴 때에는 우선 도서관을 적극 이용해야한다. 단순하게 도서관에 비치된 책을 대출하는 사람으로 소극적으로 이용하기보다, 적극적으로 이용하길 바란다.

우선 전국의 도서관은 각자 나름의 특색을 가지고 있기에 조금씩 그 이용방법이 다르다.

　내가 첫째를 임신했을 때 같은 지역 내 도서관에 임산부를 위한 무료 책 배달 프로그램이 있었다. 산모수첩과 신분확인을 한 후부터는 택배비를 지불하지 않아도 2주마다 5권씩 책을 집으로 직접 가져다 주었다. 덕분에 만삭까지도 태교에 관한 책을 원 없이 읽었다. 늘 제공하는 것은 아닐지라도 내가 사는 지역 전체 도서관에 어떤 이벤트가 진행되는지 꼭 살펴보자.

　어떤 도서관은 도서 택배를 이용하여 택배비를 부담하면 책을 빌릴 수 있게 하고 있으며, 어떤 도서관은 매달마다 수가지 이상의 강연 및 교육프로그램을 제공하고 있다. 자주 자신의 집과 가까운 홈페이지를 들어가서 해당 월에 어떤 프로그램이 있는지, 어떤 저자 강연이 있는지 살피는 것이 좋다.

　도서관마다 다른 부분도 있지만 추천할 만한 서비스는 다음과 같다.

　① 구입희망자료신청 : 이 메뉴를 통해 아직 도서관에 비치가 되

지 않은 자료를 신청할 수 있다. 우선 대출 예약을 클릭해두면, 책이 도서관에 비치되면 가장 먼저 문자를 받게 되고 3일 동안 우선 대출할 수 있다. 이 서비스를 적극적으로 이용하면 도서관에서 존재하게 될 책의 첫 독자가 될 수 있다. 많은 사람이 비치되길 원하는 자료나, 베스트셀러의 경우에는 비치가 되어 있어도 도서관에서 새로 구입해주기도 한다.

② 도서택배대출신청 : 보통 각 지역에서 가장 많은 자료를 구비한 도서관에서 시행하고 있는 '도서택배대출'을 통해 읽고 싶은 책을 신청하여 택배로 받아볼 수 있다. 직접반납, 우체국택배반납, 기타택배반납 중 한 가지 방법을 택하여 반납할 수 있다. 필요한 자료가 해당도서관에만 있을 때 이용하면 유용할 것이다. 자세한 이용방법은 각 도서관 홈페이지 안내를 잘 살펴보면 된다.

③ 도서대출베스트 : 서점에는 가면 지금 이 순간 가장 많이 읽히는 책이 어떤 책인지 한 눈에 볼 수 있는 반면에, 도서관은 가장 많이 대출되는 도서가 어떤 책인지 잘 알 수가 없다. 이런 때에는 대출 베스트 목록을 보고 사람들에게 꾸준하게 읽히는 책이 어떤 책인지 알아보자. 베스트셀러와 비슷하게 가

는 경우가 많지만, 당장 판매와 상관없이 꾸준하게 사랑받는 책이 어떤 책인지 알 수 있다.

④ 1일 견학 신청 등 각종 프로그램 : 도서관은 공적인 기관이기에 해마다 나름의 예산을 부여받고 좋은 프로그램을 기획하여 시민에게 제공해야 한다. 무료로 이용하는 만큼 민간 기관과 비교하기보다는 계속 주변 도서관을 살피면서 좋은 프로그램이 기획되었을 때, 방문하여 참여해보자.

+ 무료 전자책 및 도서관 정보 앱 활용하기 +

전국의 모든 공공 및 대학 도서관의 정보를 제공하는 앱이 있다. '리브로피아'라고 검색하고 다운 받으면 누구나 이용가능하다. 가까운 지역의 도서관을 '내도서관'에 추가해두고 이용하면 편리하다. 도서검색으로 나온 책은 '내서재' 메뉴에 추가해 두면 된다. 아래의 '개인컨텐츠'메뉴를 이용해 도서관 및 내가 이용하는 인터넷 서점별로 책을 분류하여 관리할 수 있다.

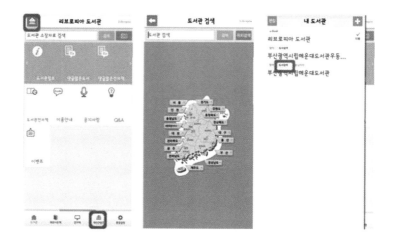

〈소장하기〉

살아있는 투자의 전설, 워렌 버핏이 말했다. 가장 좋은 투자처는 '나'라고. 특별한 유수의 기업이 아니라 나에게 투자하는 것이 가장 나은 투자이다. 나에게 투자하는 방법은 외국어 공부, 운동 등 여러 가지가 있겠으나 가장 으뜸은 단연 독서다. 아이를 키우는 엄마라면 다른 것보다 훨씬 더 가성비가 높고, 접근이 쉬운 것이 독서이기도 하다. 책을 빌려보다가 기억할 만한 좋은 구절이 있거나 두고두고 펼쳐보며 되새김질을 해야 할 경우라 판단이 되면 주저하지 말고 책을 소장하기를 권한다.

요즘에는 대형서점의 중고샵도 활발히 운영되고 있기에 책을 한

번에 많이 구입해야할 때면 중고 구입도 적극적으로 활용할 수 있다. 책을 소장하여 줄을 긋고 귀퉁이를 접어 두자. 읽다가 잠들어 버리면 침대 머리맡에 함부로 두고, 아침에 눈뜨자마자 다시 한 번 읽자. 접어두고 다시 펴고 책을 열심히 다루는 과정에서 책 내용이 내 몸으로 온전히 들어와 제대로 역할을 다한다. 조금 보태어 말하면 책을 구매하는 것보다 더 나은 소비는 없다.

08

엄마 독서습관
만들기

말도 안 되는 걸까? 두 돌 이전, 엄마 독서 습관 잡기

아이를 시댁이나 친정 도움 없이 키우는 엄마의 경우, 아이 두 돌까지의 기간은 엄마에게는 천국과 지옥을 매순간 오가는 정체기다. 밑도 끝도 없는 정체기인 이 시기, 특히 육아로 인해 집에 갇혀 있는 상황이라면 밑져야 본전이라 생각하고 독서습관을 만들어보면 어떨까.

처음 시도에 습관을 만들지 못한다 해도 문제될 것은 전혀 없다. 힘들어서든, 여유로워서든, 어떤 이유로든 어느 날 책을 들었을 때 내 마음에 꽂히는 단 한 문장이라도 만나게 된다면, 그 이후부터는 자연스럽게 가능하다. 책을 사두고 읽지 않는다고 해서 부담을 느끼지도 말자. 소설가 김영하가 말하길, 읽을 책을 사는 것이 아니라 사둔 책을 읽는 것이라고 한다. 독서 습관을 들이려 애쓰는 때가 아니라면, 독서에 과한 의무감을 더해 스스로 마음의 짐을 만들지 말자. 독서는 100미터 달리기가 아니다. 언제든 시작해서 평생을 함께 가야하는 '나와 도란도란 얘기하며 산책하는 친구'가 독서다.

〈아기가 태어났을 때부터 100일까지〉

이 시기에는 <u>책을 읽지 말자.</u>

책 읽으라고 소리치는 책에서 책을 읽지 말라니 아이러니하다. 책을 읽고 싶어 근질근질해도 이때에는 조금 참자. 책을 들고 있는 것 자체가 손목이나 어깨에 무리를 줄 수 있다. 책 무게가 얼마나 된다고 하며 가볍게 생각할 수도 있겠지만 출산 후 큰 변화를 겪는 몸에 조금이라도 안 좋은 영향을 주는 행동은 하지 않는 것이 좋겠다. 아무리 책을 읽고 싶어도 이 시기에 엄마는 늘 수면 부족에 시달리고, 몸도 아직 완전히 회복되지 않았다. 부득이하게 반드시 정보를 책에서 구해야할 때는 발췌해서 그 부분만 보도록 하자.

아직은 엉덩이가 무겁다. 조금만 기다리자. 설레는 맘으로 책을 기다리는 것도 좋겠다.

〈100일 이후 ~ 돌까지〉

다이어트 시작하기에는 조금 이른 시기이지만, 독서는 다시금 시작할 수 있는 시기이다. 일반적으로는 어떤 일을 습관으로 만들려면, 그 일을 다른 일 보다 우선하여 시간을 고정적으로 확보해야 한다. 하지만 이 시기 엄마들은 고정적으로 시간 확보하는 것 자체가 불가능에 가깝다. 화장실에서 볼일을 보다가도 아이가 엥 하고 우는 동시에 뛰쳐나가듯 해야 하는 시기가 아닌가. 고정적인 시간 확보는 5분도 어렵다.

그럼 도대체 이 시기에는 어떻게 독서를 해야 할까.

우선, 아이가 낮잠 잘 때나 밤에 아이가 자고, 나는 깨어있을 때 습관적으로 어떤 행동을 하는지를 스스로 지켜보자. 일주일 정도를 잡고 흘러가는 시간을 가만히 관찰해보라. 보통 틈이 나는 때에 엄마들은 기본적으로 밀린 빨래하기, 청소, 반찬 만들기 등 일상적인 집안일을 한다. 왜 집은 치워도 치워도 너저분한지, 만들어 놓은 이유식은 이렇게 빨리 사라지는지 신기하다. 아기는 돌까지 낮잠을 30분~2시간까지 두어 번 자는데, 그때마다 집안일을 하고도 시간이 남는 그 시간, 그때를 잘 활용해야 한다.

많은 엄마가 심신이 지친 나머지 아이가 자고 밀린 집안일을 하고 난 후에 틈나는 대로 드라마를 보거나, 예능 프로그램을 시청하는 경우가 많다. 혹은 SNS를 하면서 육아와 상관없는 삶을 살아가는 화려한 사람들의 일상을 본다. 혹은 육아를 하면서도 힘들지 않고 행복해 보이는 사람들 삶을 보며 애써 내 일상의 초라함을 느낀다. 완전히 하지 않을 수 없다면 SNS를 접하는 시간을 줄여보기라도 하자.

자신이 정한 특정한 상황과 독서를 고정적으로 연결시키는 방법도 괜찮다. '아이가 잠이 든 직후마다 1페이지 읽기'라고 정한 후, 실천 후에 집안일을 위해 몸을 움직이는 것이다. 보통 엄마가 아이가 잠든 직후 폰을 본다. 이 때 폰 대신 책이 주변에 굴러다니고 있으면 된다. 참고로 이맘 때 책을 읽으려 하면 모든 책이 더러워진다. 구겨지기도 하고 어딘가에 마구 굴러다닐 수도 있다. 매우 잘하고 있다는 증거다. 이 시기에 책을 읽을 때 책이 깨끗하다면 그게 더 말이 되지 않는다. 다만, 아이가 책을 만지다가 다치지 않게 조심!

〈돌 ~ 어린이집 가기 전까지〉

아이가 누워서 움직이지 않던 시기를 지나, 엄마 몸이 최고로 힘든 시기가 왔다.

어쩌다 잠시 조용하다는 걸 알아차리고 나면, 아차, 이미 아이 신상에 문제가 생겼다. 아침에 눈뜨면 어제와 같은 오늘을 산다. 내일도 오늘과 같을 것이다. 아이는 참 예쁘다. 예쁘긴 한데…… 소위 눈물을 머금고 '말을 잇지 못하는' 그런 시기이다. 아침에 눈뜨면 스스로 오늘의 건투를 빌었다.

이 시기에는 미타임을 이용해 <u>한 달에 한 번 정도는 홀로 서점을 방문해서 책 냄새를 맡자.</u> 서점에 진열된 신간과 베스트셀러 목록을 보면서 최근 트렌드를 읽는 것도 좋다. 나는 이 시기에 서점에 방문했을 때, 나랑 상관도 없이 세상이 참 잘 굴러가는 듯한 느낌을 받았다. 집에만 있을 때는 잘 몰랐으나 어쩐지 정체되어 있는 듯한 느낌이 드는 시기이기 때문에 꼭 서점에 가보길 권한다. 서점에 가서 신간의 제목만 훑어도 요즘 사람들이 어떤 생각을 하고 어떤 감정을 느끼는지를 알 수 있다. 또한 요즘 서점에 가면 카페를 겸하고 있는 경우가 많다. 앉아서 커피 한 잔 마시며 잠시나마 새 책을 들춰보는 것만으로도 육아에 지친 상태에서 벗어나 큰 행복감을 느낄 수 있다. 여유만 된다면 한 달에 한 두 권이라도 소장하고 싶은 책을 사면, 더욱 뜻깊다.

나약한 사람은 어려운 상황에 처했을 때 어디에든 기대려 한다. 나는 마음이 힘들 때 달려가 해답 없는 해답을 구하는 존경하는 선생님 한 분이 있다. 친정엄마에게도 여전히 심적으로 의지한다. 종교에 기대기도 한다. 친구, 술, 영화 등 많은 기댈 만한 대상이 누구에게나 있다.

나는 육아로 인생의 심한 쓴 맛을 느끼던 이 시기에는 마음에 드는 책을 한 권씩을 사 읽었다. 이 시기만큼은 사람이 아니라 책에 기대고 의지했다. 친정 엄마에게의 하소연보다, 아직 결혼하지 않은 친구에게 푸념을 늘어놓는 것보다 책이 나를 더 위로해주었다. 육아서와 심리학 관련 많은 책은 심신이 지친 나에게 조언과 충고를 아끼지 않는 멘토, 내 마음을 보듬어주는 이웃 언니가 되어 주었다.

혼자 갈 수 있는 상황이 여의치 않으면, 6개월 정도가 지난 이후의 아기는 데리고 잠시 서점에 다녀오는 것도 좋다. 집에 있는 책 외에, 서점의 책을 통해 아이에게 긍정적인 자극 노출을 할 수 있다.

〈아이가 어린이집에 가기 시작하는 때부터〉

드디어 이런 날이 왔다. 고정적인 미타임이 내게도 생겼다. 커피 타 놓고 아이에게 쏟을까 싶어 저 멀리 위에 올려두었다 다 식은 커피를 마시는 슬픈 일을 더 이상 겪지 않아도 된다. 쾌재를 부르자.

이 시기까지 책을 놓고 있었다 하더라도 지금부터 시작해도 괜찮다. 고정적인 시간 확보가 가능해지기 때문이다. 물론 그 전까지 엄마가 하루에 단 한 페이지라도 책을 읽었다면 독서에 가속도가 붙을 수 있고 훨씬 더 신나게 책을 읽을 수 있다.

<u>주의할 점은 다른 집안일보다 단 20분이라도 먼저 독서를 먼저 해야 한다는 것이다.</u> 전쟁같은 아침을 보내고 아이를 기관에 보내고 나서 집에 들어오면 그제야 엉망인 집이 눈에 들어온다. 그때 집안일을 먼저 하면 이내 지쳐버려서 독서가 뒷전이 되어버린다. 책 읽을 시간이 어디 있냐며 혀를 내 두르기 전에 하루 20분은 꼭 책을 읽어보자.

'습관은 처음에는 거미줄처럼 가볍지만 이내 쇠줄처럼 단단해진다.'라는 탈무드 속담이 있다. 습관의 힘은 크다. 독서를 다른 일보

다 우선하는 일상이 습관이 된 후부터, 좋은 책을 찾아 읽으려는 노력을 조금씩 하기 시작하면 된다.

결혼 전에는 책을 자주 읽다가 아이가 초등학생이 된 지금 전혀 책을 보지 않는다는 경우를 심심찮게 본다. 책과 멀어지고 나니 다시 읽기가 힘들고 귀찮다고들 한다. 세상에는 책 외에 우리를 유혹하는 드라마나 유튜브 영상 같은 자극적인 미디어가 많다.

읽는 것보다 보는 것이 더 쉽다. 그렇기에 동시에 책과 멀어지기도 더 쉽다.

인지적 습관화

인간의 모든 정신과정을 연구하는 학문인 인지심리학에 의하면, 자동화된 어떤 행동을 할 때는 인지적 에너지를 거의 쓰지 않고 능숙하게 처리할 수 있다고 한다. 운전을 처음 배울 때는 핸들 잡는 법, 기아 조절 하는 법 등 모든 것이 처리해야 할 어떤 대상이지만 자동화가 되면 힘들이지 않고 운전을 할 수 있다.

독서를 습관화하는 것도 그와 같다. 처음에는 책장에 꽂힌 책을 책꽂이에서 **빼는** 행동부터, 책을 펼쳐 한 문장을 읽어가는 것, 그 문장의 의미를 생각하며 읽어 내려가는 것 자체에 큰 인지적 에너지가 소모가 된다. 그러나 습관이 되고나면 이러한 에너지 소모없이 정해진 시간에 자동적으로 책을 찾고, 편하게 읽을 수 있다.

09

엄마 독서에
부스터 달기

육아를 글로 배웠어요, 육아서 읽기

'키스를 글로 배웠어요, 사랑을 글로 배웠어요.'라는 이야기를 들어본 적이 있는가? 경험이 부족한 사람이 글로만 간접 경험을 한 후 겪는 재미난 에피소드가 우스갯소리로 회자된 적이 있다. 육아는 어떨까. 대가족이 일반적이었던 예전에는 아이가 속한 가족이 작은 사회였다. 이모가 있고, 고모가 있고, 삼촌이 있고, 할머니가 늘 옆에 있었다. 아이가 가족 안에서 자연스럽게 인간관계를 배우고 사회성을 키웠다.

요즘은 다르다. 엄마부터가 애지중지 귀하게 자랐다. 어린이집,

유치원을 통해 사회성을 배우고 학교에 입학해서 세상을 배웠다. 육아는 그런 엄마에게 너무나도 낯설고 엄청난 무엇이다. 인터넷을 보면 나와 다른 대단한 엄마만 있는 듯하다. 그런 생각을 한번이라도 한 적 있다면 육아서를 보자. 육아를 글로 배워보자.

간혹 육아서의 가치를 깎아내리는 경우를 심심치 않게 본다. 이 사람은 전업맘이니까 이런 이야기가 가능하지, 이 엄마는 아이가 외동이니까 가능하지, 이 작가는 딸만 키우니까 이런 소리를 하지, 스님은 결혼도 안 했으면서 무슨 육아 이야기를 한다고. 등등 끝도 없다.

생각해보자. 어떤 사람이 책을 써야 군소리 없이 받아들일 수 있을까. 아이가 셋은 있어야하고, 친정과 시댁의 도움 전혀 없는 주말 부부쯤은 되어야 아무 말 없을까. 아니라고 본다. 분명히 그 상황에도 비판할 거리는 있을 것이다. 어떤 육아서든 완벽한 책은 없다. 모든 엄마에게 적용되는 완벽한 육아서는 없다. 내가 그 책에서 무엇을 취하려고 하느냐가 중요하다.

육아서의 저자가 제안하는 노하우는 여러 심리학적 이론을 바탕으로 하는 경우가 많다. 꼭 학문적인 이유가 아니더라도 저자가 여러 사례를 겪었거나 경험을 통한 조언이므로 따를 가치가 높다. 육아서를 볼 때는 무엇보다 열린 마음으로 지금보다 더 나은 엄마가 되는 데에 도움을 얻겠다는 단순한 마음가짐이 필요하다.

육아는 엄마가 자신이 아닌 '타인'에게 영향을 끼치는 일상이어서, 스스로 '내가 참 아이를 잘 키우고 있구나.'하고 생각하기 어렵다. 어느 정도 미안함을 늘 가지고 살아간다. 그래서 육아서를 읽은 직후에 엄마는 다음과 같은 영향을 받는다.

✓ 자신의 육아 방식을 반성한다.
✓ 스스로 달라지기 위해 노력한다.
✓ 좋은 엄마가 되려는 의욕이 충만해진다.
✓ 아이가 학교에서 돌아오면 푸근한 미소를 지을 수 있을 것만 같다.
✓ 책에 나온 대로 아이와 교감하는 아름다운 대화를 할 수 있을 것만 같다.

서점에 가면 끊임없이 육아관련 책이 출간되고 읽히는 이유이다. 하지만 단번에 말처럼 쉽게 변화하지 않는다. 한 번에 누구에게나 적용되는 완벽한 육아법이 있다면 책이 끊이지 않고 나올 이

유도 없다. 엄마도 사람이다. 그렇기에 대화법을 읽어도 어느 새 다시 아이에게 화를 낸다. 교육관련 책을 읽은 후에도 아이 습관보다 엄마 습관을 고치기가 더 힘들다.

콩나물에 물을 흘러내리게 하는 걸 보면 저래서야 언제 자랄까 싶지만, 시기를 맞춰 적절하게 물을 흘려주면 어느 새 성장한 콩나물 줄기를 보게 된다. 꾸준한 육아서 독서도 마찬가지라고 믿는다. 육아서는 '나'에게도 도움이 되는 책이지만 무엇보다 '아이'가 나의 변화로 인한 긍정적인 영향을 받기에 꼭 꾸준히 읽으라고 강조하고 싶다. 계속 읽고 노력하다보면 어느 새 성장하는 엄마로 살고 있는 나를 발견할 것이다.

작심삼일도 열 번 하면 한 달이다.
책을 읽고 제 자리 걸음이라 느껴져도 멈추지만 않으면 된다.
그래서 꾸준히 <u>한 달에 한 권 육아서 읽기를 추천한다.</u>

책의 가르침을 꾸준히 실천할 수만 있다면 사실은 몇 권 읽는지가 그리 중요한 것은 아니다. 하지만 나는 쉽게 결심하고 쉽게 잊어버리는 나약한 사람이기에, 멈추지 않고 읽기를 택했다. 아이의 교육과 관련된 육아서 한 권과, 아이의 인성과 관련된 육아서 한 권을 번갈아 가며 읽는다. 꾸준한 육아서 읽기는 아이에게 건네는 말투를 달라지게 하고, 경직된 표정을 풀어주고 느긋한 미소로 아이 눈을 바라보게 한다. 독서모임을 활용하니 꾸준하게 이어가는 것이 가능했다. 독서모임에 관한 이야기는 뒤에서 다시 할 것이다.

책 속 언니들은 당신이 지금보다 더 나은 엄마가 되는 방법을 세세하게 알려주고 싶어 한다. 열린 마음으로 책을 펼치자.

누구는 재우라 하고, 누구는 깨우라 하고.. 어쩌라고?

육아서에 국한된 이야기는 아닐 것이다.

세상엔 헤아릴 수 없는 많은 책이 있기에 같은 부분에 대해 정반대로 주장하는 책을 만난다. 책을 많이 읽을수록, 같은 상황에서도 전문가가 하는 말이 달라서 곤혹스러움을 느끼기도 한다.

육아서도 마찬가지이다. 어떤 책은 3세까지는 일을 그만두고서라도 엄마가 아이 옆에 꼭 붙어있어야 한다고 하고, 또 다른 책은 하루에 3시간만 엄마가 옆에 있어도 된다고 한다. 책마다 다른 저자가 자신이 경험하거나 이론적으로 아는 만큼의 조언과 가르침을 주기 때문에, 각각의 책이 말하고자 하는 바가 다를 수밖에 없다.

이런 때에는 내 상황과 더 비슷하거나, 내 마음을 더 알아주는 듯한 육아서 가르침을 따르면 된다. 여러 육아서를 보고 혼란스러움을 느끼지 않아도 된다.

취할 건 취하고, 버릴 건 버리자. 정답은 없다.
내가 행동하면 그것이 정답이 된다.

조금 낮은 마음으로 읽기

비관주의자는 모든 기회에서 어려움을 보고,
낙관주의자는 모든 어려움에서 기회를 본다.

by 윈스턴 처칠

좋은 엄마는 어떤 엄마일까. 수없이 많은 이야기가 나올 질문이지만, 빠지지 않는 내용이 있다. 바로 아이에게 '배우려는 자세'를 가지는지 여부다. 좋은 엄마는 자신보다 훨씬 미숙한 존재인 자녀에게도 배우려는 마음을 가지고 있다. 내 눈에 한없이 부족한 면이 많더라도 단 한 가지 아이가 나를 배우게 하면 그 부분을 섬세하게 인지하고 받아들이는 엄마가 좋은 엄마다.

좋은 독자도 이와 마찬가지이다. 저자가 책을 읽는 독자보다 어떤 면에서 부족할 수도 있다. 옳고 그름을 제대로 판단하는 것이 나쁘다는 것은 아니다. 하지만 부족함에 집중해서 책 자체를 비판적으로만 본다면 얻을 수 있는 것을 놓치고 만다. 나는 10대 작가가 쓴 책에서도 인생을 배우고, 20대 저자가 쓴 책을 통해서 큰 감동을 느끼기도 한다. 그들이 용기를 내서 책을 쓰고, 이 세상에 나와 읽게 해 주어서 고마움을 느낀다.

비판하며 읽기가 의미 없는 것은 아니지만, 오류를 찾아내려고 혈안이 된 채로 읽거나 비판을 목적으로 글을 읽으면 글에 몰입하지 못한다. 설령 글을 제대로 비판한다 하더라도 글을 그대로 받아들이고 이해하는 것이 우선이다. 정확한 독해, 그 다음이 건설적인 비판이다.

책을 읽을 때는 작은 것이라도 배운다는 자세로 읽어 보자. 그것도 어렵다면, 책 한 권을 통해 딱 두 가지만이라도 배우자는 마음으로 읽자. 저자는 독자에게 조금이라도 도움이 되고 싶었기에 글을 썼다. 독자가 조금 더 겸손한 마음가짐으로 책을 읽는다면, 책은 그러한 당신에게 더 많은 것을 내어줄 것이다.

독서 멀티플레이어가 되기

엄마는 할 일이 너무 많다. 미타임 외에는 엄마가 오롯이 독서를 위해 시간 내기가 쉽지 않다. 집안일보다 우선하여 독서를 한다고 해도 1시간 내기가 쉽지 않은 게 엄마 현실이다.

어느 날 독서 모임 중, 한 달 동안 읽은 책을 이야기하니 누군가 내게 물었다.

"그런데 그 많은 책을 대체 언제 보세요? 아이 둘 보면서 그렇게 돼요?"

가능하다. 게다가 나는 잠을 적게 자지도 않는다. 독서를 할 때 멀티플레이어가 되면 가능하다. 시댁에 가 있을 때에도 책을 내 주변에 둔다. 틈나는 때에 폰 보기보다 책읽기를 한다. 소설에 빠져 있을 때에는 양치를 하는 중에도 독서를 이어간다. 남편이 운전할 때 조수석에 앉아 책을 읽을 때도 있다. 멀미가 나지 않는 정도의 상황만 되면, 책을 조금씩 읽으며 남편이나 아이에게 읽은 이야기를 들려준다. 모든 활동에 독서를 겸할 수는 없겠지만, 책을 읽고자 하는 마음만 있다면 의외로 독서와 겸할 수 있는 순간이 제법 많다. 요즘엔 오디오북을 활용하는 경우도 많다고 들었다. 다른 일과 독서를 겸할 수 있는 훌륭한 방법이라고 생각한다.

또, 빈틈이 날 때 나는 주로 책을 읽는다. 할 일이 없을 때 독서를 한다. 독서를 '해야 할 목록 중 하나'로 두지 않고, 할 게 없으면 책을 읽는다. 손길이 잘 닿는 곳, 눈에 잘 보이는 곳에 '읽을 것'을 늘 있게 하면, 심심하면 책을 들게 된다. 이렇게 하면 바쁜 엄마라도 조금씩 읽어낼 수 있다. 그 조금씩이 모여 어느 새 한 권이 되고, 두 권이 된다.

그리고 책 읽기는 글쓰기와 달리 수용이 기본인 활동이다. 책 쓰기는 직업으로 삼는 전업 작가가 있지만, 책 읽기는 직업으로 삼는 전업 독서가가 없다. 기본적으로 '받아들이는' 활동이기 때문이다. 독서를 한 후에는 다른 창조적인 활동으로 넓혀갈 수 있지만 독서 자체는 수용하며 생각하는 활동이다. 인지적 부담이 글쓰기보다 적기 때문에 글쓰기보다 다른 일과 동시에 하거나 짧은 틈이 있을 때도 하기가 쉽다.

이런 이야기를 하면 왠지 소용돌이 무늬가 그려진 안경을 쓰고 타인과 소통하지 않고, 자기만의 세계에 갇혀 책만 보는 사람을 상상할 지도 모르겠다. 전혀 그렇지 않다. 나도 친구들도 만나고 영화도 보고, 노는 것 좋아하는 평범한 사람이다. 생각보다 빈틈으로 흘러가는 시간에 다른 것보다 독서를 우선시 할 뿐이다.

요컨대, 독서를 할 때 멀티플레이어가 되면 엄마라도 책을 제법 많이 읽을 수 있다.

방법은 다른 일을 할 때 독서를 겸하기. 자투리 시간에 책을 활용하기. 이 모든 것은 독서라는 녀석은 수용하는 활동이라 가능하다는 것.

누군가에게 알려주려는 마음으로 읽기

나는 유난히 과학 분야 도서를 읽기가 힘들다. 배경지식이 없고, 배경지식이 없으니 읽을 때 힘들고, 읽을 때 힘드니 피하다보니 그렇다. '나는 과학 관련 도서 읽기가 힘들어'라는 생각이 더 힘들게 만드는 것도 있겠다. 그런 내가 최근에 '사피엔스(유발 하라리, 김영사)'를 아주 재미있게 읽었다. 누군가 읽어야한다기에 충동 구매하듯 책을 덜컥 서점에서 데려와 책장에 장렬히 꽂아 두었다. 신명조체의 책등을 가진 책이었다. 떡하니 자리에 차지하고 있던 그 책이 꽂혀있는 책장 앞을 지날 때마다 죄지은 사람처럼 힐끔힐끔 훔쳐만 봤다. 읽어야 하는데 읽어야 하는데. 생각만 했다. 그러다 자주 들르는 인터넷 카페에서 사피엔스가 재미있다는 말을 보고 '그게? 재미있다고?' 하면서 들춰보기 시작했다. '역사, 과학' 분야의 '두꺼운' 책이 재미있을 수도 있다는 것이 나에게는 쇼크였다. 그러고는 단숨에, 아니 단숨은 아니지만 며칠 만에 읽었다. 그리 두꺼운 과학교양 도서는 한 달도 더 걸릴 수 있는 나이다. 이 책은 과학, 인문학, 역사학 등을 아우르는 말 그대로 '통섭'을 실천한 책이다.

돌이켜보니 사피엔스를 재밌게 읽을 수 있었던 큰 이유는 읽으면서 내가 남편에게 설명하면서 읽었기 때문이다. 인류학에 관한 어려운 설명이 위트 있는 예시와 함께 서술되어 있었다. 책이 재미있으니 읽은 만큼 남편에게 요약하며 이야기를 들려주듯 설명했고, 남편에게도 읽기를 권했다. 뒷부분으로 갈수록 역사학과 얽혀 어려워지기는 했지만 흥미가 지속되어 다 읽어냈다.

요즘 학교에서도 '하브루타'라는 대화를 통한 교수법이 유행이다. 이 책을 읽으면서 나는 제대로 하브루타 독서를 했다. 남편이 중간에 이해가 안 가는 부분에 대해 내게 질문하면, 내가 아는 범위에서 대답을 했고 모르는 부분은 책을 다시 찾아 보았다. 막연한 이해를 했던 부분이 남편의 질문을 통해 선명해졌다. 아는 것도 더 잘 알게 되었던 것이다.

그 이후로는 책을 읽을 때마다 '남편에게 쉽게 설명해주기 위해' 읽었다. 그렇게 읽으니 자연스럽게 중요한 부분과 그렇지 않은 부분을 가려 읽을 수 있었다. 누군가에게 설명하려면 내가 정확히 이해해야 한다. 그냥 넘어갈 부분도 더 섬세하게 읽게 되는 것이다.

가끔 책을 읽고 있으면 아이가 와서 물어본다.

"엄마, 이거 무슨 책이야?"

그때 대답할 수 있어야 한다. 어렵게 설명하는 것보다, 쉽게 설명하는 것이 더 어렵다. 6살인 아이에게 나는 이렇게 대답했다.

"응, 딸~! 이건 글쓰기 책인데, 엄마가 이 책을 읽으니 글을 막

쓰고 싶어져. 글을 어떻게 하면 잘 쓰는지 알 수 있게 되는 책이야. 다음에 지민이도 크면 꼭 읽어봐."

말하면서 느꼈다. 아, 내가 지금 이 책을 읽고 설레는구나. 어떻게 하면 글을 잘 쓰는지 알게 되고 있구나. 스스로 알아채는 게 우습긴 하지만 알아서 대답한 것이 아니라, 대답하면서 알게 되었다. 이 후, 책을 읽을 때 '딸이 물어보면 어떻게 이 책을 설명할 수 있을까?'를 생각하며 읽었다. 쉽게 설명하기 위해 더 집중하며 읽었다.

책을 읽을 때 한 두 문장으로 요약하면 어떻게 말할 수 있을지 생각하며 읽기를 추천한다. 그리고 실제로 남편에게, 아이에게 설명하라. 알아서 설명하는 것이 아니라 설명하다보니 더 잘 알게 되고 잘 느끼게 되는 신기한 경험을 할 수 있다.

스테디셀러에서 베스트셀러와 신간으로

독서를 시작한지 얼마 안 되었다면 솔깃한 제목의 신간에 꽂히기 쉽다. 물론 그렇게 눈에 들어오는 책부터 시작해도 좋지만 어떤 책을 읽을지 감이 서지 않으면, 인터넷 사이트에 들어가서 내가 원하는 분야의 '스테디셀러'를 클릭해보고 읽을 만한 책부터 읽자. 스테디셀러는 베스트셀러 이후 곧바로 사라지지 않고 꾸준히 많은 사람에게 읽히는 책을 말한다.

많이 읽힌다고 다 좋은 책이라고 단정 지을 수는 없다. 그렇지만 적어도 많은 사람들의 공감을 얻고 꾸준히 사랑받는 데에는 이유가 있을 것이다. 스테디셀러를 읽으면서 관심분야를 더 구체화시키며 확장하고, 많은 정보가 들어온 후에 고전과 베스트셀러로 독서 영역을 확장하자.

생리 주기에 따라 리듬 타며 읽기

생리 주기에 따른 독서라니 조금 의아스러울 수 있겠다. 엄밀히 말하면 생리 주기라고 하기보다 호르몬의 변화에 따른 독서라고 칭하는 게 정확할 것이다. 인간이라면 여성 남성 할 것 없이 호르몬 영향을 받으며 살아간다. 여성은 남성과는 달리 '생리'라는 생물학적 사이클을 겪으며 살아간다. 나는 생리 주기에 따라 감정 변화가 심한 편이다. 월경전증후군 (premenstrual syndrome-이하

PMS)이라고 불리는 의학적 용어로 불리기도 하는데, 10대 후반에서 20대 초반에는 내가 심한 PMS를 가지고 있다는 것을 몰랐다. 당연히 그로 인해 감정이 오락가락한다는 것을 상상조차 하지 못했다.

생리 직전에는 홀린 듯 초콜릿이나 아이스크림을 냉장고 앞에서 우걱우걱 집어 먹는다. 맵고 자극적인 음식을 찾아 먹어야 직성이 풀리고, 뭔가에 갈급해서 음식을 집어먹지만 먹어도 딱히 해결 되는 것은 없다.

그뿐이면 참 좋겠지만 평상시에는 그냥 지나칠 일에 매우 예민하게 반응한다. 나도 피곤, 주변사람도 피곤해지는 순간이다. 나는 성격이 왜 이 따위인가 자책과 밑도 끝도 없는 우울감이 나를 감싸고, 생리가 끝나면 별다른 해결 없이 괜찮아진다. 기가 막힐 노릇이다. 많은 여성이 이런 주기를 겪으며 살아간다.

호르몬에 관한 책을 여러 권 읽은 후 비로소 그런 나를 이해할 수 있었다. 주기적으로 우울감에 빠지는 여성에게는 꼭 호르몬에 관한 책을 읽어보라고 얘기해주고 싶다. 나는 이제야 그런 나를 객관적으로 바라볼 수 있다.

이제 이해했으면 좀 더 나를 스마트하게 보듬어보자. 가장 신경을 써야할 때는 생리 직전과 생리 직후이다. 아래 순서가 정답은 아니다. 생리주기에 별다른 영향을 받지 않는 축복받은 사람도 있을 것이다. 하지만 나와 조금이라도 비슷한 누군가에게 도움이 되기를 바라는 마음에서 정리해 보았다. 주기 중 유독 자신이 영향을 많이 받는 때가 있다면 참고하면 좋겠다.

① 생리 후 일주일 : 에스트로겐 영향을 받는 시기

다이어트는 생리 직후에 하는 것이 좋다고 한다. 이때부터 긍정에너지를 뿜어내는 에스트로겐이 분비되기 시작하기 때문이다. 이맘때는 열린 마음을 가지기가 쉽다. 그래서 자기계발서나 희망을 이야기하는 책, 조언을 얻고자 하는 내용이 많은 육아서 등은 이시기에 읽는 것이 좋다. 감성적인 글보다는 진취적인 내용이 담긴 글을 읽는 것이 더 효과적이다. 에너지가 넘칠 때에는 동시에 책을 여러 권 읽어도 소화가 가능하다.

② 배란기 : 숨고르기

생리 후에 읽기 시작한 책을 쭉 이어오는 시기로 잡아보자.

③ 생리 직전 : 프로게스테론 영향을 받는 시기

그럼 마의 생리 직전에는 어떤 책을 읽는 것이 좋을까.

이 시기는 다크한 프로게스테론의 영향을 받는다. 이 때에 자기 계발서를 읽는 것은 별로 도움이 안 된다. 조심해야한다. 절로 욕이 나올 수도 있기 때문이다. 짜증이 스멀스멀 올라오고 행복에 가득 찬 저자의 글이 얄미워질 수도 있다. 감수성이 예민한 상태이므로 흐름이 큰 소설이나 감성적인 에세이가 좋다. 비판적인 시각을 요하는 글을 읽어도 좋을 것이다. 동시에 여러 권을 읽는 것은 욕심내지 말자. 한 권만 천천히 읽어 가자.

④ 생리기 : 휴식기

몸이 열일 하고 있다. 독서를 이어가야만 하는 것이 아니라면 이 때는 쉬는 것도 괜찮다. 기분이 우울할 때 독서를 이어가고 싶다면, 소설이나 감성적인 에세이를 권한다. 소설은 나의 기분과 상관없이 인물의 상황과 정서에 몰입할 수 있다. 또, 이 때 감성적인 에세이를 읽으면 섬세해진 내 감성이 흠뻑 에세이에 물든다.

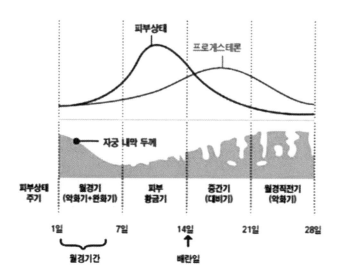

❿

책과 사랑에
빠지는 법

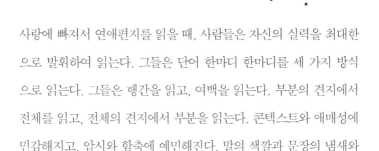

사랑에 빠져서 연애편지를 읽을 때, 사람들은 자신의 실력을 최대한으로 발휘하여 읽는다. 그들은 단어 한마디 한마디를 세 가지 방식으로 읽는다. 그들은 행간을 읽고, 여백을 읽는다. 부분의 견지에서 전체를 읽고, 전체의 견지에서 부분을 읽는다. 콘텍스트와 애매성에 민감해지고, 암시와 함축에 예민해진다. 말의 색깔과 문장의 냄새와 절의 무게를 알아차린다. 심지어는 구두점까지도 고려에 넣는다.

–익숙한 것과의 결별(구본형, 생각의 나무)

언제인지 기억이 잘 나지 않아 아쉽지만 썸을 타던 때에 연애편지를 읽던 느낌을 떠올려보자. 이미 사랑에 빠져 오랜 기간 연애하는 때의 연애편지 말고, 아예 관심없는 사람에게 받은 연애편지 말고. 썸을 타는 사람, 내가 지대한 관심을 가진 사람에게서 온 편지라고 상상하자. 아마 나는 섬세하게 읽고 되새겨가며 읽을 것이다. 다시 읽기도 어렵지 않고, 반복하다보면 외워질 듯도 하다. 그 사람의 마음을 다각적으로 헤아린다.

책을 그렇게 읽을 수만 있다면 얼마나 좋을까. 썸타는 연인과 연애를 시작하기 직전의 마음으로 책을 읽어보자. 사람은 내가 좋아한다고 그 사람이 나를 좋아할 리 만무하지만, 다행히 책은 사람이 아니다. 내가 마음을 여는 만큼, 책도 나에게 열린다. 내가 다가간 만큼 책도 다가온다.

책과 사랑에 빠져보자.

설레는 마음으로 읽어라

우선 나를 끌어당기는 듯한 설레는 제목을 가진 책을 골라야 한다. 어떤 이야기를 할 지, 나는 그 책을 진심으로 궁금해 하면서 책장을 넘겨보자. 심드렁하게 책을 넘기면, 내용도 어쩐지 심드렁하게 다가온다. 물론 재미있게, 혹은 유용한 책을 쓰는 것은 저자 몫이다. 하지만 모든 책임을 저자에게 넘기는 듯한 태도는 좋지 않다. 책을 깔보며 흘겨 내려다보는 듯한 마음을 가지거나 의미 없는 대화를 흘려듣는 것처럼 무성의하게 책을 읽으면 책도 전혀 나에게 다가오지 않는다.

궁금해서 다음을 빨리 기다리는 마음을 가져보자. 책을 읽고 난 후에게 어떤 감정이 나에게 생길지 기대하자. 책을 읽고 내가 알게 된 정보로 달라지게 될 나의 생활을 상상하자. 자연스럽게 설레는 마음으로 책을 넘기게 될 것이다.

조언하는 마음으로 읽어라

사랑하는 사람의 부족한 면을 보았을 때 어떤 마음이 드는가. 내 아이가 내 맘 같지 않게 잘 해내지 못할 때 어떤 마음이 드는가. 애정을 가지고 조언하며, 바른 방향으로 이끌기 위해 애쓸 것이다. 책을 읽다가 내 생각과 다르거나 미흡한 부분을 만나면 어떨까. 쓸 잘데기 없는 책이구나 하며 곧장 덮을 것이 아니라, 내 생각을 붙여가며 새로운 이야기를 만들며 나아가는 것이 좋다. 물론, 정말 아니다 싶은 책을 억지로 읽을 이유는 없다. 하지만 어쨌거나 처음에는 애정을 느꼈기에 스스로 집어든 책이다. 서점에 가도, 도서관에 가도 우리가 평생을 두고 읽어도 다 못 읽을 많은 책이 있다. 그 중에 당신이 어떤 이유로든 연이 닿아 선택한 책이기에, 처음 책에 가졌던 책에 대한 애정을 쉽사리 놓지 않기를 바란다. 저자의 생각보다 더 나은 독자의 생각이, 더 나은 생각과 감정을 만들기도 할 것이다. 부족한 책을 만나거나 나와 생각이 다른 책을 만나면 건설적으로 나의 영역을 만들며 읽어보자.

보상으로 책을 읽어라

우리 뇌는 해야만 하는 일은 그리 원하지 않는 경향이 있다. 어차피 해야 하고, 기다리지 않아도 할 수 있기 때문이다. 책 읽기를 의무로만 생각하면, 그다지 책을 읽고 싶지 않다. 보상으로 책을 읽으라 하면 독서 후 맛있는 걸 먹는다든지, 좋아하는 다른 것을 보상으로 삼는 것을 떠올리기 쉽다. 그러나 이는 어떤 면에서는 위험하다. 힘든 책읽기를 해야만 내가 원하는 것을 할 수 있다는 생각이 든다. 자칫 책과 더 멀어지기 쉽다.

엄마는 가끔 시험을 잘 치면 아이가 원하는 것을 사주는 것을 보상으로 공부로 이끄는 경우가 많은데, 이것도 마찬가지로 그다지 바람직하지 않다. 하기 싫은 공부를 억지로 견디면 원하는 것을 얻을 수 있기에, 아이에게 공부가 인내해야하는 대상이 되어 버린다.

반대로 생각하면 된다. 책을 읽는 것이 보상이 되게 해보자. 내가 정한 조건을 지키지 못하면 책을 읽지 못하는 것이다. 이렇게 하면 책이 더 읽고 싶어진다. 먹지 말라고 하면 먹고 싶어지고, 먹으라 하면 먹기 싫어지는 심리가 누구에게나 있다.

(1)
"자, 오늘 밤엔 책 열 권 다 읽어야 잘 수 있어. 어서 누워～."
"싫어. 열 권 말고 세 권만 읽을래～."
⇨ 독서가 해야 하는 것으로 되어 버렸다. 엄마가 아이에게 책 읽어 줄 때 가장 흔히 하는 실수이다. 아이가 어릴수록 독서는 결코 해야 하는 것으로 각인 되면 안 된다.

(2)
"이제 자야 돼～ 너무 늦었어. 아기는 자는 거야. 책 이만큼 읽었으면 됐어～."

"싫어. 세 권밖에 못 읽었어. 더 읽고 잘 거야. 왜 책 안 읽어줘~."

⇨ 나와 아이들이 자주 하는 대화다. 나는 실제로 일찍 자는 것도 중요하다고 생각하기에, 정해진 시간이 넘으면 독서를 제한한다. 물론 제한할 때에 곧바로 더 읽어달라고 하지 않을 때도 있지만 불만을 가질 때가 많다. 더 읽고 싶은데 엄마가 못 읽게 하고 있다는 것이다. 그 순간 적어도 아이 마음속에 '책을 지금 읽고 싶다.'라는 느낌이 스치는 중이다.

아이가 많이 크면 엄마의 얕은 수는 들키지만, 어릴 때는 엄마가 조금만 신경을 쓰면 아이 머릿속에 책이 재밌는 어떤 것이라는 인식이 유지된다.

아이의 독서는 쉽게 되지만, 나 스스로도 가능할까. 물론 가능하다. 나의 경우에는 조건과 보상이 둘 다 의미 있게 하기 위한 방법을 생각했다. 아이에게 따뜻한 말을 3가지 이상을 한 날에만 독서를 한다든지, 누군가의 행복을 마음속으로 기도한 날, 독서를 하기로 했다. 늘 적용할 필요는 없는 방법이지만 독서를 잠시 동안 하지 않은 때 다시 시동을 걸 때나, 책을 좋아하고 싶은데 의무감만 느끼는 엄마에게 좋은 방법이다.

감정을 이입하여 읽어라

우리는 재미있는 드라마나 영화를 볼 때, 주인공에 흠뻑 빠진다. 남주인공을 마치 내 남자친구인양 바라보고, 여주인공에 빙의한다. 슬픈 스토리엔 내 애기처럼 느끼며 눈물 흘린다. 여성은 남성에 비해 특히나 감정이입 능력이 뛰어나다. 일일연속극은 소위 막장인 스토리가 많지만 결코 사라지지 않을 것이다. '아줌마들'이라는 감정이입군단이 있기 때문이다. 책에도 이렇듯 감정이입을 할 수 있다.

드라마나 영화는 시청자를 몰입하게 할 수단이 많다. 음악이 있고 움직이는 영상이 있다. 자극적인 음향이 있다. 그에 반해 책은 오로지 활자와, 일부의 그림만 존재한다. 요즘엔 전자북 등 인쇄물이 아닌 수단이 늘어나고 있지만 그렇다 하더라도 영상물처럼 적극적으로 감정을 떠먹여 주지는 않는다.

시를 읽을 때는 화자를 나라고 생각하자. 소설을 읽는다면 주인공이 나라고 생각하자. 실용서를 읽는다면 저자가 옆에서 책의 내용을 나에게 도란도란 들려주고 있다고 생각하자. 마치 내 애기인 것처럼 적극적으로 활자를 받아들여야 감정이입과 몰입이 자연스럽게 따라온다.

쓰기로 나아가라

책을 사랑하면 독서에서 시작해 결국 쓰기로 나아간다. 아이러
니하게도 독서 사랑의 종착역은 독서가 아닌 쓰기이다. 쓰기라는
말은 단순히 다듬어진 글만 뜻하지 않는다. 그림일 수도 있고, 낙
서일 수도 있다.

> 쓰기를 싫어하는 사람은 읽지도 않는다. 쓰지 않으면 읽기라도 하
> 고, 읽지 않으면 쓰기라도 하면 좋으련만. 잘 읽는 사람이 쓰지 않거
> 나, 읽지 않는 사람이 잘 쓰는 경우는 없다. 다시 말해 읽는 사람은
> 더 잘 읽고 쓰는 사람은 더 잘 쓴다.
>
> ─강원국의 글쓰기(강원국, 메디치)

책을 읽고 무언가 쓰기 위해 단순 수용적인 읽기에서 적극적인
독서로 한 걸음 내딛게 된다. 학창시절 독서감상문을 억지로 써야
했을 때 느꼈던 그 강박이 즐거움으로 탈바꿈 할 수만 있다면 얼마
나 좋을까. 책을 읽다가 느끼는 나의 단상과 글에 대한 비판을 모

으고 모아 글로 남겨보자. 단 한 줄이라도 좋다.

책을 읽은 후 아주 쉽고 간단하게 기록하는 법을 소개하려 한다. '① 알게 된 사실 ② 느낌 및 상상 ③ 결심 및 다짐'의 순서이다.

예)

① 이 책을 읽고 블로그를 구체적으로 활용하는 방법을 알게 되었다.

② 책의 내용대로 하면, 조용한 내 블로그를 활성화 시켜 방문자로 북적이도록 만들 수 있다는 생각에 설렜다.

③ 일주일에 한 챕터씩 따라해 보아야겠다.

단계는 많을수록 좋고, 생략해서 한 단계만 써도 좋다. 물론, 한 단계에 더 자세하고 구체적인 기록이면 더 좋다. 책을 읽은 후 손에 잡히듯, 눈에 보이듯 감상을 기록하여 독서를 머리와 가슴에 단단히 담아보자. 한 줄 기록이라도 꾸준히 남기면 책 한 권이 내게 주는 의미 씨앗이 글자로 싹을 틔우고 점점 자라 꽃을 피울 것이다.

11

고전은 무조건
좋을까?

고전부터 덤비면 무조건 고전한다

마인드맵을 통해 구체적인 관심분야를 알게 되었다면 그 분야에 맞는 좋은 책을 찾아야 한다. 좋은 책이라는 것은 참으로 주관적인 표현이라 정의하기가 쉽지 않다. 그럼에도 시간을 초월하여 인정을 받는 고전은 좋은 책임에 분명하다. 반복적으로 읽기만 해도 사고방식이 바뀐다는 인문학 고전 독서의 힘은 익히 들어 알고 있을 것이다.

그러나 좋은 약이 입에 쓴 것처럼, 고전 읽기는 결코 만만하지 않다. 몇 년 전부터 인문학 고전 읽기 열풍이 불어, 엄마가 아이에게 읽어야할 고전 리스트를 구해서 읽힌다고 한다. 어렸을 때부터 고전을 읽는 습관을 들이는 것은 물론 바람직하지만, 자칫 잘못하다간 아이에게 독서가 재미없는 공부라는 인식만 심어줄 수 있다. 특히 엄마는 읽지 않고 아이에게만 읽으라고 강요하는 것은 안 읽느니만 못한 상황으로 치닫는다.

처음부터 섣불리 고전읽기를 덤비면 독서와 더욱 멀어질 뿐이다. 독서에 대한 습관이 없는 상태에서 곧바로 고전부터 시작한다면, 수영도 모르고 준비 운동도 없이 물에 뛰어들었다가 수영에 대한 안 좋은 추억만 쌓는 것과 같다.

고전을 읽으니 체할 것 같다면,
급할 것 없으니 우선 다른 책을 충분히 읽고 즐기자.

드디어 읽기로 마음 먹었다면

독서에 대한 습관이 나름대로 잡혀있다면 고전 읽기에 살포시 발을 들여보자.

우선, 논어나 신곡같은 책을 펼쳐보면 그간 읽던 책과는 달리 도무지 친절하지 않다고 느낄 것이다. 인문학 고전은 답을 주는 책이라기보다는 스스로 질문하게 하고, 그 질문에 대한 답을 생각하게 한다. 그러므로 본격적으로 고전을 읽기 전에 인문학 독서법에 관한 책을 반드시 한두 권 정도는 읽자. 자전거 타기와 자동차 운전하기가 다르듯, 일반적인 책과 인문학 고전은 읽는 방법을 달리하여 접근해야한다.

아래에 엄마가 인문학 고전읽기에 쉽게 다가갈 수 있는 간단한 방법을 안내 하고자 한다.

✔ 청소년을 위한 시리즈로 도움 받기

읽기가 어려울 때에는 자존심 상한다고 생각하지 말고, '청소년을 위한~~'이 붙은 책을 먼저 읽는 것을 추천한다. '청소년을 위한'이라는 글귀가 붙은 제목을 가진 책은, 아이를 대상으로 쓰인 글이기 때문에 기본적인 개념이나 예문이 이해하기 쉽게 설명되어 있고, 사진과 삽화가 충분하게 곁들여 있는 경우가 많다. 청소년 시리즈를 읽어도 내가 모르는 정보가 의외로 많아서 본격적으로 읽기 전에 큰 도움을 받을 수 있는 방법이다.

✔ 역사 분야는 교과서 활용하기

역사 분야 경우에는 의외로 교과서를 읽으면 도움이 된다. 특히 세계사는 교과서를 미리 읽으면 세계사 전반적인 지식을 쉽게 얻을 수 있다. 역사에 문외한인 나는 역사 공부를 다시 해야겠다고 마음 먹은 후, 초등학생을 대상으로 하는 '한국사편지 5권 세트'를 읽었고, 세계사는 고등학교 교과서를 읽었다. 읽으면서 나는 부끄러웠을까? 전혀 그렇지 않다. 오히려 요즘 아이들은 이런 책으로 역사 지식을 쌓을 수 있어 참 좋겠다고 감탄하며 신나게 읽었다.

✔ 아이와 함께 공부하며 읽기

초등학생에게도 고전읽기가 강조되는 요즘, 아이 진도와 맞춰서 엄마가 같이 읽어나가는 방법도 좋다. 일방적으로 고전을 읽으라고 하지 말고 함께 공부하면 좋은 점이 많다.

우선 아이에게 설명을 할 때 내가 그 고전의 문장을 얼마나 이해하는지 확실하게 느낄 수 있다. 아이에게 쉽게 설명하기 힘든 문장은 내가 제대로 이해하지 못했기 때문이다. 아이에게 설명하기 위해서 음미하고 깊이 생각하며 읽을 때, 그 문장이 내 것이 된다.

고전을 읽을 정도의 나이라면 아이도 자신의 독립된 생활이 있을 것이다. 아이가 생활하며 스스로 생활하며 하게 되는 사유가 고전 읽기를 통해 묻어난다. 그래서 같은 문장에 대해 엄마 생각과 자녀 생각을 공유하며 서로의 생각을 이해할 수 있을 것이다. 사이가 돈독해짐은 덤이다.

독서에서 한 발 나아간 소통과 교감이라 생각하며 읽어보자.

✔ EBS강의를 활용하기

이해가 잘 안 되는 부분은 EBS 강의의 도움을 받을 수 있다. 인문학 고전에 관한 사람들의 관심이 높아져 시청자가 인문학에 쉽게 다가갈 수 있는 많은 프로그램을 제작하고 있어 뜻깊다. 인문학은 일종의 공부에 가까운 독서이다. 공부를 돕기 위한 여러 도구를 찾아 활용하며 책을 읽어보자.

EBS 홈페이지 메인화면의 인문학 카테고리

'지즉위진간(知卽爲眞看)', 알아야 참으로 보게 된다는 말이 있다. 더 쉽게 아는 만큼 보인다는 뜻으로 알려져 있기도 하다. 조선시대 문장가 유한준이 쓴 글 '지즉위진애 애즉위진간(知則爲眞愛 愛則爲眞看), 즉 알면 참으로 사랑하게 되고 사랑하면 곧 참으로 보인다'에서 유래된 말이다.

고전 읽기는 그렇다. 논어 한 문장을 보면 내가 사유할 수 있는 만큼만 문장이 온다. 같은 문장을 보아도 읽는 사람마다 모두 다른 생각을 하게 된다. 그래서 고전 읽기는 혼자 읽는 것보다 함께 읽는 것이 좋다. 고전을 읽고 함께 나누면 정말로 자신의 삶이 고전 읽기를 통해 묻어나오는 것을 느낄 수 있다. 겪은 만큼 읽히고, 아는 만큼 보인다. 처음부터 '잘' 읽으려는 욕심을 버리고, 내가 이해할 수 있는 만큼 읽고, 할 수 있는 노력을 찾아 한다면 그게 최선일 것이다.

① 카카오톡 단체톡 활용 논어 스터디

카카오톡 단체톡을 활용하면 직접 만나지 않아도 3~4명이 동시에 통화할 수 있다. 결혼 직후, 친한 친구 동생과 함께 일주일에 한번 카카오톡 보이스톡으로 '논어 스터디'를 한 적이 있다. 사실 말이 스터디이지 그저 범위를 조금 정해 읽어 온 후 자신이 어떤 부분에서 어떤 생각을 했고, 각자가 느낀 감정 및 자신이 했던 사색에 대해 서로 이야기를 나누는 정도였다. 그것만으로도 도움이 됐다. 지금 다시 한다면 나의 경험과 동생의 경험이 달라졌기에 분명 또 다른 이야기를 나눌 것이다. 바로 그것이 고전의 매력이 아닐까 생각해본다.

② 밴드를 활용한 고전 스터디

밴드를 활용하였다. 자주 가는 인터넷 커뮤니티에서 고전 읽기 함께 할 사람을 2명 찾았다. 한 달에 한 권 책을 정해서 일주일에 한 번 씩 자신이 읽은 부분을 사진 찍어 올리고 간단한 코멘트나 생각을 댓글로 달면서 소통했다. 같은 문장을 두고도 다른 인생을 사는 사람이 다르게 해석하고 감상하는 것이 당연하다고 생각되면서도 동시에 흥미로웠다. 사유의 폭이 넓어짐을 생생하게 느꼈다.

12

독서와 친목을 동시에,
독서모임 활용법

마음을 나누고, 감동을 합치자

최근에 책을 읽다가 고개를 세차게 끄덕이며 공감한 부분이 있다. '관계를 쌓으려면 절대적인 시간과 노력이 필요하다.' 당신과 나 사이(김혜남, 메이븐) 라는 책의 한 구절이다. 마음이 맞는 사람과 좋은 관계를 유지하려면 언제나 그 사람에게 귀한 시간을 내어주어야 한다. 언젠가 나를 떠날 자녀에게도 아낌없이 내 시간을 내어 함께하는 순간을 많이 만들어야 한다. 그것이 부모가 해야할 가장 중요한 것 중 하나이다.

게다가 우리의 심리적 시간은 갈수록 빨리 흐른다.

1살에게 1년은 1/1 온전한 1년이다. 2살에게 1년은 1/2, 자기 인생의 1/2만큼의 시간이다.

30살에게는 1년이 자기 인생의 1/30... 시간의 체감속도는 갈수록 빨라진다.

어느 날 라디오에서 배철수 씨가 말했다. 점점 시간이 빨리 지나가는 듯한 느낌을 받는 것은, 일상이 반복되는 삶을 살아서이기도 하지만 갈수록 할 일과 생각할 일이 더 많아서라고. 엄마라는 존재는 결혼 전에 비해 짧은 시간 안에 너무나 큰 변화를 겪었다. 시간이 어떻게 지나가는지도 모르게 빨리 지나간다. 그래서 의식하지도 못한 채로 금방, 가까웠던 사람과 쉽게 소원해진다. 그들을 위한 시간을 내기가 쉽지 않기 때문이다.

그런 바쁜 엄마가 독서까지 하려면 인간관계를 포기해야 하는가. 그렇지 않다. 나는 두 마리 토끼를 꼭 잡고 싶었다. 마음이 맞는 사람과 함께 친목도 함께하는 독서모임을 만들었다. 이미 진행되는 여러 센터에서의 모임이나 새로운 사람과 시작하는 독서모임보다 더 나은 방법이라 생각했다.

나는 두 개의 독서모임을 이어가고 있다. 정기적으로 마음 맞는 사람을 만나 책 이야기를 하니 뜻깊다. 만나고 난 후에 헛헛해지는 허무한 만남이 아니라 만나기까지가 기대가 되는 만남, 만난 후에 마음이 채워지는 만남이 되었다.

가까운 사람이라도 독서모임을 대뜸 하자고 하면 부담을 느낄 수도 있다. 평상시에 책을 가까이 하지 않았던 사람이라면 더욱 그렇다. 독서는 달리기 시합이 아니므로 천천히, 정기적으로 책을 읽고 만난다는 것에 의의를 두고 시작한다. 함께하고 싶은 사람이 있다면 독서모임을 내가 만들어보자.

혼자 읽기보다 함께 읽기는 의외로 힘이 세다. 무엇보다 꾸준히 읽는 힘을 만든다는 것이 첫 번째 이유이다. 또한 내가 읽을 때 무심히 지나쳤던 부분에 새로운 관점으로 글을 다시 읽게 되어 책을 두 번 읽는 효과를 얻는다.

두 번째로 시작한 독서 모임은 내가 독서모임을 하고 있다는 얘기를 들은 다른 엄마가 '같이하자. 이런 것은 곧바로 시작해야해. 나중에, 나중에 하다보면 결국 못 해.' 한 후 그 자리에서 바로 약속을 잡고 다음 달부터 모임을 시작하였다. 그렇게 곧바로 제안한 엄마는, 독서모임을 통해 독서의 기쁨을 다시금 느끼며, 책이 주는 위로와 감동으로 누구보다 만족스러워한다. 지금 이 글을 읽으며 함께하고 싶은 사람이 머릿속에 떠오른다면, 주저하지 말고 연락해 보자. 아래는 순서라기보다는 쉽게 시작하기 위한 작은 팁이라고 생각하면 된다.

/ 독서모임 만들기 TIP /

① 가벼운 마음으로 시작하라. 만남에 책을 살포시 얹는다는 정도의
마음으로만 시작하면 된다.

② 인원은 3~4명 정도가 적당하다. 2명은 너무 적고 5명이 넘어가
면 조금 산만해진다.

③ 모두 공통적인 분야 1권, 자유로운 분야 1권 정도로 정하고 한 달
에 2권 정도를 추천한다. 만약 모든 모임 멤버들이 엄마라면 매달 육
아서 1권, 자유로운 분야에서 1권 총 2권을 공통적으로 읽고 만나는
것이다. 자유로운 분야의 도서는 모임 구성원이 돌아가면서 정하면
된다.

④ 시간을 정해놓고 진행한다. 특히 여성끼리 이루어진 독서 모임은
책 이외에 할 이야기가 무궁무진하다. 반가운 마음에 근황을 전하다
보면 시간이 3시간이 훌쩍 지나간다. 그러므로 시간을 한정하고 모
임을 진행해야 한다. 나는 한 모임은 1시간 이내로, 한 모임은 저녁
에 만나 2시간 정도로 진행하고 있다.

⑤ 전문적 독서모임이 아니라면 횟수는 <u>한 달에 2번을 넘기지 말자.</u>
누군가는 분명 부담을 느낀다. 나는 2개 모임 다 한 달에 한 번으로
진행하고 있다.

⑥ <u>장소는 집이 아닌 고정된 곳이 괜찮다.</u> 집에서 하는 것은 추천하
지 않는다. 아무리 서로 돌아가면서 장소를 제공한다고 해도 수다로
쉽게 이어지고, 자신의 집에 모임구성원이 방문하게 되면 부담을 느
낄 수 있다.

13

나 서점에 나오기 전에
책 읽는 여자야

도서 관련 인터넷 커뮤니티 활용법

출판사가 책을 출간한 후 가상 쉽게 하는 마케팅 중 하나가 서평 이벤트이다. 각종 인터넷 커뮤니티에는 서평이벤트 카테고리가 있다. 그 곳을 통해 정기적으로 출판사가 몇 권의 책을 무료로 책을 배포한 후, 독자가 서평을 인터넷에 기록하게 한다. 이를 아는 많은 엄마가 이미 서평이벤트를 통해 책을 무료로 읽고, 후기를 꾸준히 기록하고 있다.

당연한 이야기이지만 성실한 후기를 작성하면 이후에 이벤트에 당첨확률이 높아진다. 자신의 관심 분야에 맞는 인터넷 카페를 가입하면 그 분야에 맞는 도서 서평이벤트에 참여할 수 있다.

최근에 나의 관심사는 재테크인데, 내가 읽고 싶은 책의 서평이벤트에 참여하여 받은 책이 최근에 베스트셀러 상위에 랭크된 것을 확인했다. 출판사는 독자의 우수한 후기를 이용하고, 독자는 무료로 책을 받고 꼼꼼히 읽으며 기록할 수 있기에 서로에게 윈윈이다.

카페 커뮤니티를 찾기가 힘들면 당장 검색창에 '서평이벤트'라고 입력하면 현재 진행되고 있는 이벤트부터 최근에 완료된 것까지 볼 수 있을 것이다. 자신이 관심 있는 분야의 카페에 가입하고 참여를 시작해보자.

또한 내가 좋아하는 분야의 책을 주로 출간하는 출판사나, 자신과 궁합이 잘 맞다고 생각하는 출판사의 경우는 홈페이지나 SNS를 통해 신간을 무료로 제공하기도 하니 평소에 살피며 이용하면 좋다.

'나'의 독서에서
'가족'의 독서로
나아가다

도서관을 우리 집처럼,
우리 집을 도서관처럼

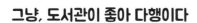

그냥, 도서관이 좋아 다행이다

"헛, 집이 도서관 같네요."

"아, 조금씩 채워 넣다보니 이렇게 되었어요. 별 거 아니에요. 저는 거실에 TV도 있잖아요."

지인이 우리 집에 처음 방문하면 다들 많은 책에 깜짝 놀란다. 한 번에 그렇게 된 것은 아니지만 책을 조금씩 채우다보니 집이 도서관을 방불케 한다. 책육아를 하는 많은 집이 우리 집과 비슷할 것이다. 게다가 내 책까지 만만치 않아 그야말로 집이 책으로 인한 북새통이다. 한 때 '이 구역의 미친년은 나야.'라는 드라마 대사가

134 - 미라클 독서법

유행하였는데, 그때 나는 '이 구역의 미친 엄마는 나겠구나.' 하는 마음이었다.

그런데도 또 도서관을 우리 집처럼 드나든다. 나는 도서관이 아무 이유 없이 좋다. 도서관에서는 사람들이 무언가를 찾고 있거나, 자신이 읽고 있는 책에 집중하고 있다. 그 모습도 좋다. 많은 사람의 손을 거친 헌 책도, 갓 도서관에 터를 잡은 새 책도 좋다.

가족과 주말에 여행이나 나들이를 가지 않을 때 도서관에 가자. 아이가 도서관에 가서 굳이 억지로 책을 읽지 않아도 좋다. 어린이 도서관에 가면 엄마들이 집에서와는 사뭇 다르게 다정한 표정으로 아이들에게 책을 읽어주고 있다. 아이들은 보물찾기 하듯 재미있는 책을 스스로 고른다. 동생이나 또래, 오빠, 누나가 책에 열중하는 모습을 보는 자체로도 좋을 것이다. 아이가 책을 안 본다면 그저 도서관 주변에서 놀다가 와도 된다.

그냥, 도서관은 옳다.

아이 독서 습관 만드는 최강의 방법

어느 날 잠자리에 들기 전의 대화다.

둘째 : "오늘은 한 권만 읽어야지. 잠 와."
첫째 : "그럼 너는 오늘 생각주머니가 조금밖에 안 커지겠네."
나 : "책을 읽으면 생각주머니가 커져?"
첫째 : "응. 책 읽으면 생각주머니가 커져서 큰 생각을 하게 돼."
둘째 : "그럼 나는 더 큰 거 가질 거야. 제일 많이 읽을 거야."

둘째는 욕심이 많아 저렇게 대화가 흘러간다. 결국 한 권이 아닌 두어권 정도 더 읽는다. 첫째가 말한 생각주머니라는 단어는 유치원에서 선생님이 종종 쓰는 단어라고 한다. 첫째는 책을 읽으면 큰 사람이 된다고 믿나보다. 기특하고 대견스럽고, 그 말에 순식간에 말을 바꿔 제일 많이 읽을 거라는 다부진 표정으로 말하는 둘째는 참 귀엽다.

어떻게 해야 아이가 자연스럽게 공부를 스스로 열심히 하게 할 수 있을까?
어떻게 하면 아이가 평생 독서에 흥미고 꾸준히 읽을까?

두 가지다 엄마 마음대로 쉽게 되는 것은 없을 것이다. 슬프긴 하지만 그게 사실이다. 엄마가 아무리 궁리하고 공부를 좋아하게 애를 써도 스스로를 돌아보자. '자연스럽게' 공부를 '스스로' 열심히 했었나? 쉽지 않다.

엄마가 되고 보니, 자식이 존재하는 이유는 세상사가 마음대로 되지 않는다는 걸 알려주기 위함이라는 우스갯소리가 자못 진지하게 들린다. 아무리 세월이 흘러도 저 두 질문은 끊임없이 엄마의 머릿속에 물음표로 이어질 것이다. 애를 써서 내 자식이 공부를 잘하도록 이끌고, 책을 읽게 만들려 해도 아이가 내 마음처럼은 쉽게 움직이진 않을 것이다.

첫 물음에 대해서는 마음을 조금 내려놓고 있지만, 두 번째 물음은 궁리를 끝까지 하고 싶다. 어떻게 하면 아이가 평생 독서에 흥미를 붙이고 꾸준히 읽을까. 평생이라는 부사는 조금은 부담스러우니 지금 할 수 있는 것을 생각해 보았다.

나는 아이가 책을 떠올렸을 때 '뭔가 재미있는 것', '심심할 때 읽으면 시간이 잘 가는 것', '읽고 나면 얻게 되는 것이 많은 것', '읽으면 칭찬도 가끔 받으니 기분 좋은 것'따위의 생각을 할 수 있기를 바랐다.

자녀를 위한 독서교육에 관한 정보는 이미 넘친다. 엄마 소신에 따라 체계적인 독서관리를 하며 애쓰는 엄마가 분명 많을 것이다. 비싸고 좋은 독서프로그램을 받아, 아이에게 들이밀기 식으로 책을 읽히고 있다면, 책을 많이 읽히고 싶다는 엄마 마음을 쉽게 들키게 된다. 그런 경우라면 잠시 멈추는 게 맞다. 아이는 억지로 해야 한다는 느낌을 받는 순간 흥미를 잃는다.

나는 유치원이나 초등학교 저학년 때에는 독서에 대한 흥미 유지가 최우선 과제라고 생각했다. 체계적이지 않아도 좋다. 지금 당장 독서를 통해 눈에 띄는 향상이 없어도 좋다. 그저, 책을 좋아하는 마음을 끝까지 유지할 수 있게 하고 싶다. 아직 나의 자녀는 한창 자라는 중이라 추천하기 부끄러운 마음도 있으나 이때까지 해온 방법, 그리고 앞으로도 흔들림 없이 밀고 갈 방법은 아래와 같다.

책을 좋아하는 아이로 만드는 방법

① 엄마가 엄마 책을 재미있게 읽는다.

너무 뻔한 이야기이다. '다이어트는 소식과 운동만이 정답이다.' 처럼. 잔소리 같은 말이지만 원래 모든 정답과 진리는 그런 식이지 않은가. 아이가 책을 좋아하게 만드는 것보다 내가 재밌는 책을 찾아 흥미를 느끼는 것이 훨씬 쉽다. 엄마가 책을 읽지 않으면서 아이가 책을 읽기 바란다면 아이가 생각하기에도 설득력이 부족할 것이다. 무엇보다 아이는 엄마가 말하고 시킨대로, 즉 귀로 '들은 대로' 배우지 않고, 눈에 '보이는 대로' 배운다.

② 엄마가 절대 책읽기를 강요하지 않는다.

> 우리는 다른 사람의 삶을 대신 살아줄 수는 없다.
> 자기 자식의 삶이라 해도 마찬가지다.
> 살아온 모습을 통해서, 어떤 사람이 되었는지를 통해서
> 다른 사람에게 영향을 미칠 수 있을 뿐이다.
>
> by 엘리너 루스벨트

엄마라면 아이에게 항상 좋은 것을 주고 싶다. 독서도 그런 의미로 아이에게 주고 싶은 습관이다. 하지만 좋은 습관이라는 녀석은 나도 만들기 어렵지 않은가. 아이에게 독서습관을 만들어주려면 일종의 밀고 당기기를 해야 한다. 여차하면 내 마음을 들킨다. 독

서의 재미가 나도 모르는 사이 스며들 수 있도록 해야 한다. 언제든 가장 우선해야 하는 과제는 아이가 스스로 책을 찾아 읽게 하는 것이다.

③ 책 읽기 좋은 환경을 만들어 준다.

가장 쉬운 방법이다. 충분히 많은 양의 책을, 곳곳에 비치하면 된다. 공간 활용을 적절하게 하여 아이 시선이 자주 오가는 곳에 책을 비치하자. 깨끗하게 정리하려는 욕심을 버려라. 장난감이 늘 정돈되어 있으면 장난감이 제 역할을 다하지 못하고 있는 것이다. 책도 그렇다. 자주 읽히는 책은 자주 바닥에 널부러져 있게 된다. 그게 자연스러운 것이다.

공간, 물리적 환경 외에 아이들이 좋아하는 책을 찾고 연구하는 엄마라는 환경도 중요하다. 아이들이 좀처럼 독서에 흥미를 붙이지 않을 때에는 똥, 방귀 등 배설에 관한 내용이 깃든 책을 선물하자. 프로이드의 성격발달단계에 따르면 아이는 항문기 시기에 쾌감을 느끼는 도구로서 배설을 인식한다. 거창하게 심리학적인 근거를 생각하지 않더라도 똥 방귀에 관한 책은 늘 인기쟁이다. 아이가 기저귀를 떼기 전이라면 생활 습관 관련한 책으로, 아이가 유아라면 몸에서 어떻게 똥이나 방귀가 만들어지는지 과학 지식책으로 읽히면 좋다.

　다음으로 아이가 좋아하는 실물에 관한 책을 찾아주는 노력을 하자. 아이마다 꽂히는 물건이 있다. 캐릭터든, 물건이든, 추상적으로는 색깔이든 아이마다 다를 것이다. 나의 경우 첫째는 한 때 '핑크색 옷을 입은 공주'에 꽂혔고, 둘째는 '번개맨'에 꽂혔다. 꽂히는 대상은 변한다. 공주에서 영화캐릭터로, 번개맨에서 자동차로 옮겨간다. 도서관에 가서 아이의 관심사에 관한 책 몇 권만 찾아 보여주면 아이는 책을 궁금해하고, 읽고 싶어한다. 감사하게도 아이들이 꽂힌 무언가에 관한 책은 이미 도서관에 많다.

아이 예쁜 두 눈동자에 책 읽는 엄마를 담자

　아침에 등원을 도와주는 이모님께서 하루는 깔깔깔 웃으시면서 말하셨다.

　"나 자기 아이들에게 어떻게 얘기하는지 다 봤어~."

　"네? 이모님 언제요? 아~ 밖에서 저 보셨나 봐요. 제가 못 봐서 인사를 못 드렸네요."

　"아니~ 지민이가 매일 보여줘. 어찌나 재밌는지 몰라~~."

"헙."

이후 실제로 그 상황을 목격하니 입이 딱 벌어졌다. 아이가 6살쯤 되니 이제 얄짤없다. 아이 행동을 통해 '아, 내가 저렇게 행동했었지.'하며 아이에게 나도 모르는 나를 깨닫는 경우가 많다. 부정적인 모습까지 그대로 복사되어 아이의 행동과 말로 나오는 것이다. 독서에도 '따라하기 효과'를 이용해야만 한다.

아이가 논리적으로 사고를 할 줄 아는 때는 사실 이미 늦었다. 머리와 마음이 커진 아이는 책을 읽을 필요성을 스스로 느끼지 못하면 읽지 않는다. 그런 때에는 아이에게 책을 읽어야하는 이유를 설명하거나, 설득을 해야 한다. 이도저도 안 되면 억지로 책을 읽혀야 하고, 이는 결국 아이와 책의 거리를 더욱 멀어지게 한다. 요컨대 이미 아이가 초등학교 고학년쯤 되어버렸다면 '따라하기 효과'를 바라기가 힘들다. 아이가 많이 컸을 때에야 엄마가 책을 읽기 시작하면 아이는 그저 '엄마도 그냥 읽다가 말겠지.' 하는 생각에 그치고 만다.

반면에 아이가 어릴수록 아이는 엄마와 함께하는 시간이 많다. 눈을 떴을 때 늘 보이는 사람이 노상 엄마인 시기를 놓치지 말고 엄마가 책을 읽자. 너무 바쁘고 할 일이 많을 때라도 하루에 딱 5분씩이라도 책 읽는 모습을 보여주자. 아이가 밤에 잠 들었을 때 서재로 가서 책을 읽는 것은 나를 위한 것이고, 5분씩 아이 앞에서 책을 읽어주는 것은 아이를 위해서이다. 시각화의 힘을 믿어 보자. 아이 눈에 꾸준히 책을 읽는 엄마 모습이 보이게 하자.

들이고 싶은 전집이 너무 많은 당신에게

엄마는 이왕이면 좋은 책을 읽히고자 의욕적으로 책을 찾아 헤맨다. 그러나 단행본을 매번 선별하기도, 구매하기도 쉽지 않다. 이럴 때 손쉽게 전집을 구입해서 아이에게 읽힌다. 전집은 영역이 다양하고, 같은 분야로 한정되어 구성되는게 일반적이다. 적게는 10권에서 많게는 100권까지도 있다. 평균적으로는 30~40권 정도이다. 새로 사는 경우에 전집은 적게는 10만원에서 비싼 경우 150만원 정도까지 천차만별이다. 영어 전집의 경우에 수백만원을 넘어가기도 한다.

책을 펼쳤을 때 쩍 소리가 나는 새 전집은 기분이 좋다. 아이에게 좋은 것을 베풀고 있다는 생각도 든다. 그래서 엄마들은 앞선 엄마들이 꿰어놓은 전집 리스트를 보고 좋은 전집을 선별하고 구매를 한다. 비싼 전집을 사는 대신 명품 가방을 사지 않는 게 어디냐며 합리화를 하지만 전집을 모두 새 책으로 사는 것은 어리석은 행동이다. 사실은 내가 초반에 그런 어리석은 행동을 했다.

나는 욕심이 앞선 나머지 첫째를 가졌을 때 태교 겸 태어난 직후에 읽힐 요량으로 영아를 위한 큰 전집회사에서 거금 138만원을 들여 전집을 구매했다. 그 돈으로 여행하는 데에 보태는 것이 더 좋았을 것이다. 138만원을 들여 읽어주든, 중고로 20만원에 들여 읽어주든 아이에게는 똑같다. 돈이 넘쳐나면 모르겠으나, 아니 돈이 많다 하더라도 모든 전집을 새 것으로 구입하는 것은 적극적으로 말리고 싶다. 전집은 정말로 소장가치가 있는 경우에 신중하게 판단하여 구입하도록 하자.

전집에 꽂혀 있는 엄마는 전집 구매에 집착하는 경우가 간혹 있다. 이 전집을 들이고 나면, 또 다른 전집을 들이기 전까지 계속해서 그 전집 구입에 몰두한다. 아이 독서에 신경을 쓰고 애쓰는 것은 좋으나, 그 또한 엄마 욕심인 경우가 많다. 아이가 집에 있는 모든 책을 다 읽지 않았다면 여유를 가지는 것이 좋다. 과한 전집 구매를 제어하기 위해 기간과 금액을 정하라. 중고만 들여도 덥어 놓고 사다보면 지출이 심해진다. 한글과 영어를 구분하여 자신이 정한 기준에 따라 구매 시기를 정하면 집착이 줄어든다. 자신이 정한 구매 시기 외에는 나의 독서에 눈을 돌려 잠시만 안녕을 외치고 전집과 멀어지자.

중고전집을 구매하는 방법으로 개똥이네 사이트를 이용하기를 추천한다. 중개해주는 회사가 있어 안전하고, 국내에서 가장 많은 사람이 이용하고 있어서 구매자로서 전집을 고르기도 수월하다. 나는 종종 카페를 통하기도 했는데, 카페에 알림 설정을 이용하면 인기 있는 전집이 중고로 나왔을 때 재빠르게 구매할 수 있다. 다만, 카페를 이용해서 중고 전집을 구매할 경우 항상 조심해야한다. 알뜰살뜰 살아가려는 엄마 마음을 이용한 사기꾼이 많다. 쉽지는 않지만 가능하다면 직거래가 좋다.

도서관을 전집 대여 공간으로 활용하기

단행본이 더 좋은지, 전집이 더 좋은지를 두고 갑론을박하며 싸울 이유는 없다. 각각의 장단점이 있다. 둘 중 어떤 것을 읽혀야하는지 물을 필요가 없다. 둘 다 읽혀야 한다. 단행본은 말 그대로 한 권이 독립적인 책이다. 전집은 같은 분야의 책이 여러 권으로 묶여 있다. 전집 구매가 여의치 않은 경우에 도서관 책 대출을 활용하여 마치 전집을 대여하는 것처럼 이용해보자. 전집 비용이 만만치 않고, 계속해서 새로운 전집이 자주 나오기 때문에 도서관에는 내가 찾는 전집이 없을 가능성이 크다. 대신 도서관을 통해 값진 단행본을 읽히자.

① 가족 구성원 모두의 수만큼 도서관 카드를 만든다. 아이 도서관 카드가 없다면 가족관계증명서나 주민등록등본을 가지고 가면 발급해준다.

② 창작그림책 외 다른 한 분야를 정해서 카드를 총 동원하여 빌릴 수 있을 만큼 빌린다. 네 가족인 우리 집을 예를 들면, 카드 네 개를 이용하면 한번에 20권을 2주 동안 빌릴 수 있다. 창작그림책 10권, 과학 분야 10권 이렇게 총 20권을 대출한 후 2주 동안 읽힌다.

③ 그러면 한 달에 40권 정도를 빌려 읽게 된다. 이를 반복한다.

창작그림책을 반 정도 늘 포함하는 이유는 아이가 창의력, 상상력을 높일 수 있는 가장 재밌고 읽기 쉬운 분야이기 때문이다. 가끔 엄마가 독서를 그저 학습의 한 도구라고 생각해서 일상생활 습관 관련, 지식분야, 과학 및 수학 분야 등만 아이에게 읽히는 경우가 있는데 이는 그리 바람직한 방법은 아니다. 만약 아이가 책에 흥미를 못 느끼는 시기가 찾아온다면 전체적으로 아주 재미있는 창작그림책만 읽혀도 상관이 없다. 창작그림책 읽히기가 가장 우선이다.

딸아이가 지금보다 더 어렸을 때, 어렵싸리 깨끗한 중고로 구매해준 자연 관찰류 책을 잘 보지 않았다. 처음에는 걱정이 많았다. 그러나 곧 어른도 취향이라는 것이 있듯이 아이도 마찬가지라고 생각했다. 지금 당장 코끼리에 관한 책이나 해바라기에 대한 책을 읽지 않는다고 해서 뭔가 잘못될 것은 없었다. 대신 다른 재미있어 하는 책을 빌려다 주었고, 아무 문제도 일어나지 않았다. 그래도 자연 관찰류 책은 그대로 꽂아 두었고, 아이가 제법 큰 지금은 아이가 스스로 필요할 때 찾아서 해당하는 책만 꺼내보는 방식으로 이용하고 있다.

전집의 세계를 알고 나면 분야별로 아이가 다 골고루 읽었으면 하는 욕심이 생기지만 그런 마음은 살포시 내려놓길 바란다. 다시

한 번 강조하지만 아이가 어릴수록 무엇보다 중요한 것은 아이가
독서에 대한 흥미를 유지하는 것이다.

한 권을 반복해서 읽어주기 vs 다양하게 조금씩 읽어주기

적은 양의 책을 반복하는 것이 좋은지 다양하고 많은 책을 반복
없이 읽어주는 것이 좋은지
엄마들은 종종 고민한다. 정답은 없다. 하지만 나는 둘 다 필요
하다고 생각한다. 다양한 책을 노출시켜주는 동시에, 아이들이 반
복해서 읽고 싶어하는 책은 원없이 다시 읽어준다. 길이가 길고 읽
어주기 힘든 책의 경우 반복해서 읽어주는 것이 쉽지 않은 것은 알
고 있다. 하지만 아이가 반복해서 읽어달라고 하는 데에는 분명 어
떤 이유가 있을 것이다. 그림이든, 내용이든, 캐릭터의 등장이든
아이들이 원하는 데에는 이유가 있다. 원 없이 읽어주길 바란다.
엄마 목관리는 철저히. 복식호흡을 하며.

"…… 행복하게 살았답니다. 휴, 자 오늘은 그만 읽고 잘까?"
"엄마, 한 번 더."
"응? 또? 오늘은 그만 읽자~ 내일 또 읽어줄게."

"엄마, 한 번 더."

"…… 그래, 엄마 물 한 모금만 마시고 올게."

이렇게 반복해서 같은 책을 5번까지 읽은 적이 있다. 거의 멀미가 날 지경이지만 그래도 읽고 싶어하는 만큼 읽어주었다. 한 때 아이들이 책을 읽고 읽은 횟수를 기록했는데 3개월 안에 20번을 넘게 본 시리즈가 있다. '까만 크레파스(나카야 미와)'시리즈의 단행본인데, 아이들이 (엄마는) 질리도록 읽어달라고 했다. 나카야 미와작가 책은 도토리 마을 시리즈도 있는데 그 역시 (아이들에게만) 소위 대박인 책이었다. 첫째는 그 책들을 읽을 시기가 지났지만 동생이 또 홀릭하기 시작하니 덩달아 또 다시 읽고 있다.

'말 그대로' 늘 책과 함께 하는 삶 실천하기 +

어딘가에 놀러갈 때, 틈이 있을 듯한 여행에, 나는 내 책 한두 권과 아이 책 서너 권은 꼭 들고 간다. 실제로 읽지 않아도 좋다. 머무르는 장소에 가면, 짐가방에서 책을 꺼내둔다. 아이가 읽어달라고 하면 읽어주고, 내가 읽을 틈이 있을 때는 내 책을 읽는다. 명절에도 해외여행에도 마찬가지이다.

물론 나도 책만 읽는 것은 아니다. 폰도 만지고 가끔은 텔레비전

시청도 한다. 하지만 그중 꼭 빼먹지 않는 것이 책 읽기일 뿐이다. 나는 그저, 독서를 좋아하는 평범한 사람이다.

15

만만하게, 간단하게
엄마표 홈 스쿨

쉽고 또 쉽게

　엄마가 첫째를 키우면서 육아서를 자주 접하게 되는데, 육아서에서 시선을 살짝만 돌리면 엄마표 홈 스쿨에 관한 책을 보게 된다. 동시에 엄마표 홈 스쿨이 아닌 실제 선생님이 집에 와서 아이와 함께 활동을 하며 교육하는 방문 홈 스쿨의 여러 프로그램도 접하게 된다. 방문 수업 프로그램을 처음 알게 되면 마음이 혹한다. 고급스러운 교구와 체계적으로 보이는 듯한 프로그램 계획표를 보면 '내가 무슨 능력이 된다고 엄마표 활동을 매주 해 주겠어?'하며 비싼 회비를 줘가며 홈 스쿨을 시키게 된다.

나의 경우를 말하자면 첫째에게는 방문 홈 스쿨 두 개를 시켜보았고, 둘째는 유치원에 들어갈 때까지 아무것도 시키지 않았다. 첫째 홈 스쿨을 시킬 때 여러 선배 엄마들이 유치원에 입학하니 별것이 아니었더라, 괜히 시켰더라 하는 말을 들었지만, 기어이 내고집대로 시켰다. 둘째는 고민만 하다가 시기를 지나서 유치원에 바로 입학을 했다. 결론을 말하자면 비싼 회비 줘가며 방문 홈스쿨을 시킬 필요 없다는 것. 아이는 선생님이 방문하는 시간을 기다리고 좋아하기도 했지만 시간대비 비용이 너무나도 비쌌다. 나도 결국 선배 엄마들과 같은 선에 합류했다.

독서가 꾸준히 유지된다는 전제하에 무언가를 더 가르쳐 주고 싶다면 엄마가 직접 신나게 놀아주자. 인터넷 서점에서 '엄마표'라고 검색하면 정말 많은 책이 리스트에 올라온다. 우선 가장 엄마들이 많이 보는 책을 알고 나서 서점으로 갔다. 서점에서는 베스트셀러와는 상관없이 내가 <u>쉽게 할 수 있는 것처럼 만만해 보이는 활동</u>'이 많이 실린 책을 여러 권 골랐다. 살펴보고 5권을 한 번에 구입하였다.

활동 결과물이 아름답고 멋져 보이는 책 말고, 반드시 쉬워 보이는 것이어야 한다. 그렇지 않으면 엄마가 중간에 포기하게 되기 때문이다. 딱 봐도 준비물 구하는 것도 쉽지 않거나 시간이 오래 걸릴 듯한 활동이 주로 들어간 책은 조용히 덮어주자. 세상에는 대단한 엄마가 너무 많다. 너무 많은 것에 욕심내지 말자. 누군가는 하겠지만, 나는 아니다. 우린 아이 책도 읽어줘야 하고, 내 책 읽기도 바쁘다.

그 후엔 엄마표 활동 관련 책 앞쪽에 소개된 '기본 준비물' 페이지를 살펴 보았다. 두세 권의 책에서 겹치는 준비물 리스트를 만들어 교구도매상을 방문하여 구입을 했다. 다이소에서 적당한 바구니 2개를 사서 다 담았다. 이제 준비 끝이다.

일주일에 이틀 정도는 정해진 시간에 홈 스쿨 책을 뒤적였다. 가지고 있는 준비물 중에서 해결되는 활동을 뒤적여서 고민 없이 바로 했다. 만약 뒤적이다가 꼭 해주고 싶은 활동을 발견했는데 준비물이 없을 경우에는 크게 반을 접어두고 가까운 문구점에서 준비물을 사서 해주었다. 이런 경우는 한 달에 한 번이 채 되지 않았다.

엄마표 홈 스쿨은 되도록이면 15분을 넘기지 않아야 한다. 준비물과 뒤처리가 쉬워야 엄마가 부담 없이 지속할 수 있다. 엄마표 홈 스쿨은 아이 컨디션이 아닌 엄마 컨디션이 더 중요하다. 가끔 뒤처리가 힘든 엄마표 활동을 해주고 나면 아이들 웃음 소리가 커지는 만큼 내 한숨도 깊어만 갔다.

작고 만만하고 쉬운 것만 골라서 아이와 놀아줘도 괜찮다. 그래도 아이는 세상 신나게 집안에서 놀 수 있다. 작은 노력으로 돈도 아끼고 아이도 행복해하는 특별한 시간을 보내자. 원하지 않아도 나중에 아이한테 돈 쓸 일은 너무 많다. 홈 스쿨보다 차라리 책 한 질을 더 들이는 것이 백배 낫다.

그래도 홈 스쿨을 시키고 싶다면

독서는 핵심이자 필수이지만 엄마표 홈 스쿨은 필수는 아니라고 생각한다. 홈 스쿨은 야외에서 뛰어 노는 것과는 별개로 조금 더 실내에서 재미있게 놀아주는 차원으로 생각한다면 해줄만 하다. 필수는 아니지만 아이가 즐거워하고 배움의 재미를 느끼며, 비용이 큰 문제가 아니라면 나쁘지는 않을 것이다. 다만, 짧은 시간 안에 눈에 띄는 변화를 바라기보다 조금 가벼운 마음으로 접근해야 한다.

16

잠자기 전 15분
그림책 읽어주기의 힘

완벽한 엄마가 되려고 하지 마라

원하는 것 중 몇 가지는 갖지 못해야 행복할 수 있다.

by 버트런드 러셀

엄마라면 모두 내 아이가 보다 더 나은 삶을 살기를 바란다. 유기농 재료로 늘 정갈하게 반찬을 만들어 먹이고 싶고, 이왕이면 많은 곳에 데려가서 좋은 것을 보여주고 싶다. 해야할 일이 아이에 관한 일뿐이면 얼마나 좋으랴. 귀신 나올 것 같은 집 정리도 자주 해야 한다. 나는 살림에 소질이 없다. 인테리어를 잘 해서 집을 상큼하고 아늑하게 집안을 꾸미고 살아가는 엄마가 참 대단하다고 생각한다. 이 글을 쓰는 지금 이 순간에도 내 눈앞에는 책 여러 권이 어지러이 펼쳐져있고 겹겹이 쌓여있다. 물건을 가져다 버리는 '정리'는 하려고 열심히 노력해도, 물건을 늘 같은 자리에 가져다 두는 '정돈'은 도무지 잘 못한다.

나는 이것도 하고 싶고 저것도 하고 싶은 욕심 많은 사람임에는 분명하지만, 모든 것을 다 잘 해낼 수는 없다는 것을 잘 알고 있다. 하루 종일 청소를 했는데도 티가 안 났을 때의 허탈감은 나를 참 작아지게 한다. 어떤 것은 포기 해야만 한다. 어떤 것은 요령을 부려야만 한다.

게다가 우리 집에는 고양이가 2마리 있다. 늘 털이 날린다. 정돈과 청소도 잘 못하는 데다가 고양이까지 있으니 가관이다. 할 게 많으니 빨래는 건조기에 들어갔다가 나와서 방 한 구석에 던져져 있고 하나씩 가져가서 입는 때도 많다. 남에게 말하기 너무나도 부끄러운 이야기이지만 나는 그만큼 부족한 사람이다.

우리 삶은 선택과 집중으로 이어진다. 내 삶과 생활 중 어느 한 부분에 시간과 노력을 들이기로 마음먹으면 그 부분은 자연스럽게 풍요로워진다. 반면, 내 손과 마음이 닿지 않는 부분은 적당히 인간적인 정도인 선에서 살아가면 그만 아닐까.

나는 이것저것 다 잘할 순 없어도 독서만큼은 제대로 해주고 싶었다. 아이가 어렸을 4살 때까지는 10권 정도를 읽어주었고, 5살 이후부터는 자기 전에 4~5권 정도를 읽어준다. 초등학생 고학년이 되어도 아이들이 거부하지 않는 한 꼭 내 목소리로 자기 전에 책을 읽어주고 싶다. 내가 성심성의껏 선택한 엄마로서의 삶이다. 하루에 딱 15분 정도이다. 기꺼운 마음으로 그 정도는 하려 한다.

약간의 의무감을 가지고 책 읽어주기를 시작했지만 요즘엔 뜻밖에 감사함을 느끼는 때가 많다. 요즘 아이들 책이 무척이나 재미있기 때문이다. 아이 생활습관 형성에 관한 책을 통해 내 생활습관을 돌아보고, 창의적이고 재미있는 이야기에 내가 더 크게 깔깔거리며 웃는다. 감동적인 그림책을 보면서 눈물을 흘린 적도 있다. 정성을 다한 그림과 심혈을 기울인 스토리 덕분에 아이들이 책읽기에 대한 흥미를 이어갈 수 있다는 생각에 그림책 작가님들께 무척이나 감사하다.

엄마, 책도 안 읽었는데 왜 자꾸만 자라고 해

나 : 애들아, 엄마가 오늘은 조금 일찍 자고 싶네. 오늘은 그냥 사고 내일 너 많이 읽어줄테니까 소금 일찍 자자.

첫째 : 아니.

둘째 : 싫은데.

나 : 엄마가 목이 조금 아픈데.

둘째 : 그럼 두 권만 읽으면 되지~!

첫째 : 엄마 그러면 프로폴리스 먹고 와.

나 : 휴, 그래…… (숨 한 번 들이마시고), 대신 오늘은 딱 한 권만 읽어줄게~!

말도 못하고 옹알옹알하던 갓난아기 때부터 잠결에 책 읽어주는 엄마 목소리를 듣고 자란 꼬맹이들은 언제 이렇게 커버려서는 따박따박 할 말을 다 한다. 피곤하고 몸이 축축 처지는 밤에는 책을 읽어주지 않고 슬쩍 재우려고 해도 예외가 없다. 왜 책도 안 읽어주고 억지로 재우려고 하는지, 있을 수 없는 일이 벌어진다는 억울한 표정으로 당장 읽어달라고 한다. 정말 쉬고 싶은 날도 있지만 10분이면 되는 거라고 생각하며 못 이기는 척 읽어 준다. 힘들지만 내심 다행이다 싶다.

'모든 것은 순식간에 지나가고, 지난 것은 모두 그리워진다.'라는 행복에 관한 명언이 있다. 아이들이 언제까지나 나에게 책을 읽어달라고 하면 그것도 참 기쁘겠지만, 이런 내 목소리를 듣고 싶어하는 날도 언젠가는 끝이 날 것이다. 그날을 상상하면 벌써 마음 한 편이 섭섭하다. 멈춰있는 듯한 지금 아이들과의 시간도 찰나처럼 지나가고, 아이들은 훌쩍 커버리겠지. 언젠가 올 그날, 스스로 후회하지 않도록 오늘 밤에도 나는 아이들에게 책을 찾아 읽어준다.

17

남편의 독서는
시너지 효과를 만든다

남편

– 문정희

아버지도 아니고 오빠도 아닌

아버지와 오빠 사이의 촌수쯤 되는 남자

내게 잠 못 이루는 연애가 생기면

제일 먼저 의논하고 물어보고 싶다가도

아차, 다 되어도 이것만은 안 되지 하고

돌아누워 버리는

세상에서 제일 가깝고 제일 먼 남자

이 무슨 원수인가 싶을 때도 있지만

지구를 다 돌아다녀도

내가 낳은 새끼들을 제일로 사랑하는 남자는

이 남자일 것 같아

다시금 오늘도 저녁을 짓는다

그러고 보니 밥을 나와 함께

가장 많이 먹은 남자

전쟁을 가장 많이 가르쳐준 남자

시인은 참 대단하다. 어찌 저렇게 내 마음을 가져다가 잘 풀어
놓았을까?

명령과 핀잔, 비교는 더욱 남의 편이 되게 할 뿐

아이들은 읽어주면 듣기라도 하지, 남편은 참⋯⋯. 상상해보라.
나는 책 읽고 기록하고 부지런을 떠는데 남편은 옆에서 과자 먹으
면서 소파에 누워 텔레비전을 보는 상황을. 단번에 답이 나온다.
그런 상황을 지켜보는 아이는 누구와 함께 하고 싶을까?

책육아를 처음 알고 혼자 꽂혀 열심일 때, 남편이 이미 책 읽는 습관을 가진 다른 가족이 부러웠다. 이런 때에 만약 남편에게 억지로 책 읽기를 강요하거나 이웃 누구 집에 독서로 박학다식한 남편을 들먹이거나 하면, 남편이 과연 '응, 그래 당신 말이 맞아. 함께 읽자, 으쌰으쌰.' 했을까?

남편도 사람이다. 별 생각 없는데 억지로 하라고 하면 더 하기 싫어지는 것이 인지상정이다.

결코 누구엄마 남편은 책을 몇 권을 읽고... 절대, 네버, 해서는 안 된다.

결국 남편도 변했다

내 진심은 이랬다. 독서로 인한 행복감을 남편도 느꼈으면 했다. 결혼 전 연애하는 1년을 조금 넘는 기간 동안 남편은 책을 단 한 권도 읽지 않았다. 정보는 여러 지식 교양 프로그램 및 뉴스를 통해 접했고 보충은 인터넷 기사로 했다. 책이 들어갈 틈은 없어보였다. 고민을 했다.

쉽게 책에 노출되는 방법은 역시 서점이나 도서관을 같이 가는 것이다. 도서관보다는 서점이 나은 것은 아무래도 시선을 끌기 위해 책이 공들여 배치된 점 때문이다. 내 책이나 아이 책을 사러 가서 남편 관심 분야에 남편을 슬쩍 갈 수 있게 해 보라. 분명 남편의 눈길을 끄는 책 제목이 있을 것이다. 어떤 책이 인기 있는지 미리 알아 가서 남편이 볼 수 있게끔 하는 것도 좋다. 한 번에 눈에 뜨이지 않아도 좋다. 폰을 잠시 차에 두고 내리게 해서 눈길이 머물 곳이 없는 상태로 서점에 가면 더 좋다.

첫째 임신 중 몸 거동이 불편할 때, 남편 혼자 도서관에 보내 내가 읽고 싶은 책을 대출해달라고 부탁한 한 적이 종종 있었다. 두어 번 부탁한 이후에, 내 책을 건네주고 자기가 빌려온 책을 거실 소파 밑에 쪼그려 앉아 읽는 것을 보고 깜짝 놀랐던 기억이 난다. 처음으로 남편이 책을 읽는 모습을 본 순간이었다.

남편은 소설류를 읽는 이유를 잘 이해하지 못하는 ㅡ아직도 이해하지 못한다.ㅡ 전형적인 '책 안 읽는 사람'이었는데, 책을 읽을 때는 딱 한 가지 목적이 있을 때였다. 지식 및 정보습득. '아, 내가 지금 정보를 습득하고 있구나'하고 인식할 수 있을 만큼 뚜렷한 정보 전달을 목적으로 하는 책은 제법 읽었다. 요즘엔 재테크 책을 한 달에 두 권 정도는 읽는다.

내가 한 것은 이게 전부다. 아이가 책을 좋아하게 하듯이 했을 뿐이다. 강요하지 않았고, 나는 계속해서 옆에서 책을 읽었으며, 남편이 자연스럽게 책에 노출되는 환경을 마련했다. 그리고 그게 꾸준했다는 것.

아이에게 아빠가 책 읽는 모습을 보이기 위해서 일부러 읽어야 하는 것은 결코 아니다. 실제로 요즘은 아이들이 다 자고난 후에 거실에 나와서 책을 읽는데, 이는 그런 것과는 이제는 별로 상관이 없어졌다는 뜻이기도 하다. 남편이 독서의 즐거움을 모르고 살다가, 이제는 삶의 일부로 독서를 실천하며 살 수 있게 된 점이 마냥 기쁘다.

2년 전에는 같은 역사 책 몇 권을 정해서 서로 바꿔서 읽으며 같이 독서를 하기도 했다. 그러다 만화로 그려진 역사서 '박시백의 조선왕조실록'을 함께 다 읽는 기염을 토하기도 하였다. 모르는 것은 남편에게 물어 해결하는 과정에 서로 돈독함(?)도 느꼈다. 남편이 내 질문에 잘 알고 있으면 격하게 감격하는 듯한 반응은 필수.

언젠가 남편도 소설을 읽고 감동을 느낄 수 있을까? 그런 날이 오길 기대해 본다.

남편도 읽으니 참 좋다

아이아빠가 책을 읽으니 참 좋다.

✔ 아내인 나를 좀 더 이해하게 되니 좋다.

✔ 도서관에 가자고 할 때, 귀찮아하지 않아서 좋다.

✔ 책을 읽고 난 후 아이에게 이야기를 들려주는 아빠가 되어 좋다.

✔ 시험에 통과하기 위해서가 아니라 그저 앎이 즐거워서 읽으니 참 좋다.

✔ 매스컴만을 통해 소식을 듣다 책을 읽은 이후로는 세상에 대한 균형있는 시각을 가지게 되어 좋다.

18

TV가 뭘 그리
잘못 했나요

없애지 않아도 괜찮아

녹서에 관해서 만큼은 이 구역의 미친 엄마는 나겠구나 하며 살았지만 내가 하지 않은 것은 거실 서재화이다. 한 때 '거실의 서재화'라고 해서 거실에 있는 텔레비전을 처분하고 거실 벽면을 책장으로 가득 채우는 것이 유행했다. 아이를 위해 부모가 크나큰 변화를 감행하는 셈이다.

텔레비전을 없애는 물리적 환경변화는 실제로 좋은 의미가 크다. 무심코 틀어 놓고 있다가 계속 더 보고 싶다는 유혹을 뿌리치지 않아도 되고, 고민하지 않아도 텔레비전에 아이 시선이 머무를 일이 없다. 더 보고 싶다고 조르는 자녀와 실랑이를 벌일 일도 없다.

여러 막강한 장점이 있긴 해도, 나는 텔레비전이 있어도 독서에 개의치 않는 엄마라는 환경이 더 중요하다고 생각했다. 나도 텔레비전을 없앨지 말지 고민을 많이 했다. 텔레비전을 보지 않아도 된다면 없애도 괜찮다.

하지만 조금이라도 내가 '희생'하여 텔레비전을 없애려 하는 것은 옳지 않다고 본다. 남편과 합의가 되지 않고 힘겹게 설득을 해야 한다면 더욱 그렇다. 자칫 아이에게 보상심리가 생길 수도 있다. 내가 너를 위해 텔레비전까지 없앴는데 너는 어찌 책을 안 읽을 수 있느냐 하는 마음이 생길 수도 있다.

이는 아이 마음속에 이런 인식을 심어줄 수 있다.

1. 텔레비전 시청은 재미있는데 내가 못하는 것이다.
2. 독서는 재미없는데 내가 억지로 해야 하는 것이다.

무시무시하다.

내가 텔레비전을 그대로 두기로 한 이유는 여러 가지가 있다. 가끔씩 하는 축구 시청이나 국가적으로 이슈가 되는 일은 텔레비전을 통해 소식을 듣고 싶었다. 아이를 재우고 난 밤, 남편과 거실 불을 끄고 집에서 팝콘을 튀겨 영화도 가끔 보고 싶었다. 아이에게 영어 DVD와 적당히 TV채널도 보여주고 싶었다. 결국 우린 텔레비전을 그대로 두고 살고 있다. 아무 문제없이 잘 살고 있다.

밤 10시를 조심하자

텔레비전을 그대로 둔다면 잘 조절해야 한다. 우선, 드라마만 보지 않아도 밤이 여유롭다. 습관처럼 틀지만 않아도, 텔레비전은 있으나 없으나 그저 내가 활용하는 여러 가전 중 하나가 된다. 매일 밤 10시에 시작하는 드라마는 처음부터 끝까지 본다는 가정 하에 한 편당 최소 16시간 정도는 내 시간을 가져간다.

한 편을 볼 때마다 여러 가지 감정과 상념에 사로잡힌다. 왜 개는 그렇게 잘생겨서 뭇아줌마를 설레게 하는지. 스토리가 어쩜 그리 다 까먹은 연애감정을 되살리며 눈물 나게 하는지. 드라마를 보는 내 감정적 시간은 16시간을 훨씬 웃돈다고 할 수 있다. 게다가

월화 드라마, 수목 드라마, 금토 드라마 총 3편을 본다면 자그마치 한 달에 순수하게 24시간을 드라마에 기꺼이 내어주게 되는 셈이다. 한 달에 24시간, 일 년이면 280시간이 넘어간다.

꼭 생산적인 일을 하지 않아도 된다. 차라리 폰을 만지는 게 낫다. 폰은 그나마 이어지는 것은 아니기 때문이다. 밤 10시를 조심하라. 딴 짓을 해도 좋다. 일단 10시에는 *끄자*.

✚ 나도 드라마를 본다 ✚

언젠가부터 본방으로는 드라마를 전혀 보지 않게 되었는데, 이런 나도 처음부터 드라마를 좋아하지 않은 건 아니다. 오히려 드라마를 아주 좋아했다. 국내드라마 뿐만 아니라 미드(미국드라마)도 즐겨 보았다. 지금도 가끔씩은 보는데 다만 예전과 달라진 점은, 명작이라고 불릴 만한 좋은 작품을 골라 시간을 내서 한 번에 몰아 보는 편이라는 것이다. 명작의 기준은 모호하지만 작품성이 뛰어나다고 기사화 되면서 칭찬을 받는 작품이나, 내가 좋아하는 작가의 드라마 정도이다. 이렇게 하면 시간 낭비도 없고 여운도 감동도 더 진하다. 아이가 태어난 이후로는 거의 1~2년에 1편 정도를 이런 식으로 보고 있다.

끊임없이 흘러가는 사람이 되길

" 모든 변화는 옳다."

오랫동안 그렇게 믿어 왔다. 살아 움직이는 동물인 인간은 멈추는 순간 죽는다. 끊임없이 움직이며 변화를 모색하도록 창조된 존재다. 변화는 다양하다. 겉만 조금 바꾸기도 하고 속속들이 통째로 갈아치우는 혁신을 이루기도 한다. 자신의 지향이나 능력에 따라 변화를 맞이 한다. 조금씩 변화하다 적응되면 큰 변화를 추구하기도 하고, 단번에 혁명에 가까운 변화를 도모하기도 한다. 근기에 따라 의지에 따라 조정하면 될 일이다.

변화에는 반드시 진통이 따른다. 인간관계가 바뀌고 생활이 바뀌고 습관이 바뀐다. 주변에서 불평을 들어야 할 일도 생기고 방해꾼도 있으며 비난을 들을 수도 있다. 끝없이 변화해야만 살 수 있는 인간임에도 불구하고 사람들은 겉으로는 변화를 몹시 두려워한다. 대부분의 사람들은 좋은 변화보다 나쁜 안정을 선택한다.

'익숙한 것과의 결별!'

이런 이야기가 화두처럼 입에 오르내리지만 과연 우리는 익숙한 것으로부터 기꺼이 결별하고자 하는가. 나에게 그럴 힘이 있는가.

- 2라운드 인생을 위한 글쓰기 (최정옥, 푸른영토)

남편이 독서를 하게 된 변화가 기쁘다. 남편이 독서하는 모습을 보고 있으면, 아직은 우리가 젊은 부부라는 생각이 든다. 남편의 행동 변화가 아직도 새삼스럽다. 어른이 된다는 것은 나이만큼 고집스러워진다는 말과 같다는 말을 들은 적이 있다. 사람에게는 누구나 인지적 유연성이 있다. 인지적 유연성이란 상황에 따라 자신의 행동 방식이나 전략을 바꾸는 능력을 뜻한다. 슬프지만 이 인지적 유연성은 나이가 들수록 떨어진다고 한다. 어른이 된다는 것은 고집스러워진다는 말이 영 틀린 말은 아닌 것이다. 그만큼 어르신들이 자신의 의사결정을 상황에 따라 바꾸는 게 쉬운 일이 아니다. 살아온 대로 같은 곳에 고여 있기가 새로운 곳으로 나아가기보다 편하다. 어제와 같은 오늘을 살고, 내 생각이 예외 없이 옳다는 생각에 사로잡혀 있으면 자녀에게 고스란히 전해진다. 젊게 산다는 것은 외모의 젊음뿐 아니라 변화를 두려워하지 않는 삶을 살아간다는 것이 그 진정한 의미이다.

엄마다워야 한다는, 어른스러워야 한다는 고정관념에 속에 나를 가둬 두면 새로운 시도를 하기 힘들다. 스위스 정신의학자 융이 이런 인간 심리에 대해 이야기했다. 모든 어른의 인생엔 어린아이가 있단다. 늘 성장하고 있지만 결코 어른이 되지 않는 어린아이. 그 어린아이는 자신을 끝없이 보살피고, 관심을 가지고, 교육시켜주기를 원한다고 한다. 내 내면의 어린아이를 쫓아내지 말고 새로움으로 늘 반겨주자.

어떤 사람을 만나든, 어떤 새로운 상황을 겪든 나에게 직접적인 피해를 주지 않는다면 '그럴 수도 있지.'하는 마음을 먹는 것이 좋겠다. 새로움이 스며들 약간의 자리를 비워두자. 그 여유가 다른 사람을 조금 더 쉽게 품을 수 있게 한다. 어떤 취미든 늦은 것은 없다. 어떤 도전도 못할 이유가 없다. 실패해도 괜찮다. 나쁜 안정보다 새로운 실패가 낫다.

미라클 독서법

④

순간의 감정,
놓치지 않기

19

저자를
만나보자

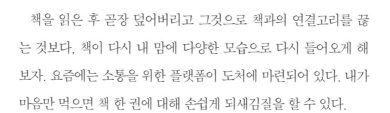

　책을 읽은 후 곧장 덮어버리고 그것으로 책과의 연결고리를 끊는 것보다, 책이 다시 내 맘에 다양한 모습으로 다시 들어오게 해보자. 요즘에는 소통을 위한 플랫폼이 도처에 마련되어 있다. 내가 마음만 먹으면 책 한 권에 대해 손쉽게 되새김질을 할 수 있다.

　저자와의 만남은 직접적인 만남과, 인터넷을 통한 만남을 모두 포함한다.
　책을 읽은 후의 감동과 변화가 저자와의 만남을 통해 더욱 진해진다.

직접 강연 들으러 가기

나는 지방에 살고 있는 워킹맘이다. 책을 읽고 난 후 강연하는 저자를 모두 만나고 싶지만 현실은 불가능에 가깝다. 그래도 가까운 지역이나 내가 사는 곳에서 내가 읽었던 책의 저자 강연이 열리면 시간을 내어 참석하라고 말하고 싶다.

저자가 강연회에서 책과 거의 똑같은 내용을 이야기할 수도 있다. 하지만 책을 통해 알게 된 내용보다, 만나서 듣는 저자의 목소리를 통한 내용이 훨씬 더 인상적이고 강렬하게 자리를 잡는다. 사진도 함께 찍거나, 책에 사인도 받아서 책을 통한 소소한 저자와의 추억을 만들어 보자.

저자의 글 구독하기

아기가 많이 어리거나 직장 때문에 여유가 나지 않아 강연에 전혀 참석을 못할 상황이라면 다른 경로로 저자를 만나보자. 이 경로로 내가 읽은 책 아닌, 다른 이야기를 하는 저자를 만날 수 있다. 작가의 일상적인 상념을 알 수 있는 이것은 다름 아닌 '이추', '친추', '팔로우'를 통해서 가능하다. 이추는 블로그 이웃추가, 친추는 페이스북 친구추가, 팔로우는 인스타그램을 말한다.

이제 저자는 신비로운 손에 닿을 수 없는 대단한 먼 존재가 아니다. 우리와 같은 세상을 오늘도 살아가는 평범한 사람이다. 많은 저자가 독자와 소통하고 싶어 한다. 내가 이 책을 쓰게 된 이후부터만 해도 7명의 저자와 직접 전화연락을 하였고, 그보다 더 많은 수의 작가님과 인터넷을 통한 간단한 교류를 했다. 직접 말을 걸지 않아도 책을 읽은 후의 소감을 SNS에 올리면 그 책 작가님이 직접 그 소감을 읽은 흔적을 좋아요 등으로 표현하는 경우도 수차례 있었다. 내 블로그에 직접 방문하여 댓글까지 달아주던 작가님도 있었다.

전화연락이 안 되더라도 인터넷을 통해 저자들의 일상글을 읽고, 코멘트를 남겨보자. 독서의 의미가 배가 될 것이다.

20

글쓰기로 또 다른 삶을
살아보자

내 몸과 따로 살아가는 또 다른 삶

결혼 직전 친정에서 짐정리를 하던 중 국민학교를 입학하여 초
등학교를 졸업하기까지 6년간 쓴 일기를 보게 되었다. 노랗게 색
이 바랜 일기장을 펼치니 기억도 나지 않는 내 어릴 때 삶이 서툰
연필 자국으로 남아 있었다.

이렇게 컸구나 내가. 이렇게 커서 이곳을 이제 떠나 새로운 곳으
로 가는구나. 어릴 때의 나에게 그래 그간 잘 자랐다, 수고했다는
말을 되뇌었다. 그 일기장은 아직 친정에 있다. 어릴 때의 내 삶을
거기에 그대로 두었다.

엄마가 되고난 후 그전과 송두리째 바뀌어버린 삶을 살면서, 연이어 쏜살같이 흐르는 시간으로 인해 속눈썹이 휘날릴 지경이다. 생각과 감정은 한 곳에 머무르지 않는다. 언뜻 언뜻 내 마음과 뇌리를 스치며 모양과 빛깔을 달리하여 나타났다가 사라진다. 이 순간을, 이 찰나를 기억하지 않으면 이 순간도 그냥 흘러간다. 내 삶을 기록하지 않으면 오랜 시간이 지난 후엔 내가 살았던 오늘을 떠올릴 수 없다.

책을 읽으면서도 순간과 찰나에 내가 어떤 생각을 가졌는지, 내가 어떤 감정을 느꼈는지 스치듯 흘려버리면 그 때 했던 내 생각과, 느꼈던 내 감정은 내 것이었지만 사라지고 없다. 그 때 했던 건 내 생각이었을까. 일상생활 속 그 때 느꼈던 건 내 감정이었을까. 기록으로 남기지 않으면 그 무엇도 내 것이 되지 않은 채 사라져버린다. 그저 강렬한 사건만 단편적으로 마음에 남아있게 될 뿐.

나는 10대 후반부터 기록을 했다. 오프라인 일기장도 있고, 온라인 일기장도 있다. 20대 때에 힘들 때 블로그에 휘갈겨 놓은 글을 보면 그 기록 속 내가 안타깝다. 하지만 동시에 그와 같이 힘들지 않은 현재에 감사하다. 그 당시에 나를 그토록 힘들게 했던 그 일이 지금 보면 다르게 인식된다. 시간이 오래 지난 기록은, 그 기록이 아주 어둡고 무거운, 시련에 대한 기록이라 하더라도 내 삶을 한 발자국 뒤로 물러나게 해줘 추억과 행복으로 다시금 인식하게 한다.

내 몸과 글자는 따로 살아간다. 글자는 내 삶을 한 번 더 보여준다. 지금 이 순간 내 몸이 지금 현재를 살아가고, 내가 기록한 글자는 내가 보고 듣고 느낀 것을 남김으로써 내 삶을 한 번 더 산다. 기록하지 않으면, 내 일상을 살아내는 눈과 마음을 기록하지 않으면, 내 몸은 계속 현재를 살아 나갈지라도 글로 한 번 더 살지는 못한다. 사진은 겉으로 보이는 세상만 기록한다. 활자로 남겨진 글자야말로 내 지금 현재, 찰나의 상념과 감정을 가장 구체적으로 기록할 수 있는 수단이다.

책을 읽은 후 문득문득 떠오르는 감정과 기억을 기록하자.
일상을 관찰하자. 일상을 붙잡자.

이왕 사는 거 한 번 더 살자.
기록이 그것을 가능하게 한다.

순간과 찰나의 점을 이어 선이라는 인생으로

분명히 내가 2시간가량 꼼짝 않고 앉아 재밌게 본 영화인데 몇 년이 지나 영화 제목을 들었을 때, 전혀 기억이 나지 않는 경우가 있다. 대강 줄거리를 들으면 아, 그런 내용이었지 하며 겨우 떠올리지만 그 때의 섬세한 감정은 온데간데없다.

책은 영화보다 더 심하다. 사람에 따라 다르다손 치더라도 기껏 읽은 책이 전혀 기억이 나지 않는 경우가 더러 있다. 책을 읽는 중에 감동이 오는 그 순간, 나만의 사유가 싹트는 그 찰나를 기록하자. 기본적으로 문장과 글이 주는 감상을 덧붙이는 것이 좋다. 하지만 때로는 그 부분에 대한 감상을 기록하지 않더라도, 감동받은 페이지를 기록하거나, 사진을 찍어두거나, 포스트잇 인덱스를 붙이자. 그 부분만 기록해도 괜찮다. 어떻게든 흔적을 남기지 않으면 책을 읽고 난 후의 생각과 감정이 하나의 커다란 덩어리로만 남아 있게 된다. 커다란 덩어리는 이리저리 굴러다니다 흩어진다. 읽었는데 읽지 않은 것이 된다.

쓰는 법은 따로 없다. 그냥 내 상념을 기록하면 그게 정답이다. 거창하게 서평이라 부를 것도 없다. 그냥 책 읽고 끼적이기만 해도 된다. 잘 쓰려고 하다가는 또 다른 리스트를 만드는 꼴이 된다. 그러지 말자. 남에게 절대로 보여주지 못할 것 같은 이야기처럼 솔직하게 쓰면 된다. 어떤 감상을 기록하든 그건 그냥 나의 감상이다. 요즘에는 책을 읽고 그 책에 대한 전반적인 감상을 쓰고, 인상 깊었던 부분을 기록해두는 방식으로 책에 대한 흔적을 남기고 있다.

전혀 어려울 것도 없고 대단할 것도 없다. 독서 하는 순간의 감정을 콕콕 점으로 찍어두면서, 훗날 선으로 이어진 내 삶을 돌아볼 수 있도록 오늘도 나는 기록하는 중이다.

㉑
엄마 인생,
아이 인생 기록하기

오분간

- 나희덕

이 꽃그늘 아래서

내 일생이 다 지나갈 것 같다

기다리면서 서성거리면서

아니, 이미 다 지나갔을지도 모른다

아이를 기다리는 오분간

아카시아꽃 하얗게 흩날리는

이 그늘 아래서

어느새 나는 머리 희끗한 노파가 되고

버스가 저 모퉁이를 돌아서

내 앞에 멈추면

여섯살배기가 뛰어내려 안기는 게 아니라

훤칠한 청년 하나 내게로 걸어올 것만 같아

내가 늙은 만큼 그는 자라서

서로의 삶을 맞바꾼 듯 마주보겠지?

기다림 하나로도 깜박 지나가버릴 생

내가 늘 기다렸던 이 자리에

그가 오래도록 돌아오지 않을 때쯤

너무 멀리 나가버린 그의 썰물을 향해

떨어지는 꽃잎

또는 지나치는 버스를 향해

무어라 중얼거리면서 내 기다림을 완성하겠지

중얼거리는 동안 꽃잎은 한 무더기 또 진다

아, 저기 버스가 온다

나는 훌쩍 날아올라 꽃 그늘을 벗어난다

　세상에 내가 나 아닌 다른 존재를 어찌 이만큼 사랑할 수 있을
까. 엄마가 자식을 사랑하는 그 마음은 늘 가지고 살아가면서도 경

이롭다. 엄마가 되니 많은 것이 달리 보인다. 엄마라면 몰랐을 것들, 엄마라면 이해하지 못할 것들이 얼마나 많은가. 나는 첫째를 임신한 후 태교일기를 매일 썼다. 나의 마음가짐을 썼고, 뱃속 아이에게 편지를 썼다. 그 기록은 한참이 지난 지금도 엄마준비를 하던 나의 설렘, 기쁨, 그리고 두려움 등 진한 감정을 생생하게 떠올리게 한다.

쿵덕쿵덕 뛰던 심장소리에 감동하고, 그 작은 생명이 내 뱃속에서 자라던 때가 엊그제 같은데, 벌써 저렇게 내 몸 밖을 나와 세상을 누비며 소리치고 뛰어다니고 있다. 하루하루가 고단하고 지쳐서 5살짜리 아들을 데려다 같이 살아줄 미래의 며느리에게 벌써 고맙고 미안한 마음이 들 정도이다. 우스갯소리지만 나는 정말 쿨한 시어머니가 될 만반의 준비를 하는 중이다.

이토록 육아에서 벗어나고 싶으면서도 한 편으로는 빨리 자라나 점점 더 나를 벗어나는 아이들이 벌써 애틋하다. 아이들이 너무 빨리 큰다. 어느새 나는 늙고 아이들은 청년이 되겠지. 언젠가 아이들이 다 자신의 인생을 찾아 내 품을 온전히 벗어났을 때 자식이 떠나 허무하다고 하지 않으려 한다. 미숙했던 내가 어떻게든 자녀를 키워낸 것에 마음껏 스스로 기특해 할 참이다.

모래가 손가락 사이로 스르륵 빠져나가듯 내 이 순간을 쉽게 보내지 말고, 애틋함을 글로 남기자. 손끝에서 나온 글자가 곧, 내가 품은 사랑에 대한 흔적이다.

'비문(非文)'을 기록하자

내가 4살 꼬꼬마일 때, 친정엄마가 내게 이불을 가리키고 물었다고 하다.

"수현아, 이게 뭐야?"

"더퍼야. 더퍼."

"아니야. 그건 이불이라는 거야 수현아."

"아니야. 이불아니야 더퍼야."

아기가 말하기 시작한 때에 내뱉는 말들은 논리도 없고 앞뒤도 없다. 이런 말을 '비문(非文)'이라고 한다. 아이가 점점 크면서 아이 말도 자란다. 생각보다 무척 빨리 자라 7세만 되어도 어릴 때의 비문은 곧 사라지고 이내 어른스럽게 문장을 구상하기 시작한다.

책 읽기 습관화를 위한 노력 외에 엄마에게 꼭 추천하고 싶은 것

중 하나가, 아이가 저런 비문같은 문장을 이야기할 때 그것을 기록해두는 것이다. 아이가 다 크고 나면 떠올려도 생각나지 않는 아까운 보석같은 아름다운 말을 기록해두면, 엄마에게는 무엇과도 바꿀 수 없는 추억이 될 것이다.

'예전에는 지민이가 그저 말을 더 빨리 잘하고, 감정이나 의사를 표현하는 데에 능숙해졌으면하는 바람이 컸다. 그런데 요새는 지민이가 표현하는 말이 정말 기특하고 예쁘다.

지민이가 내뱉는 반짝이는 언어가 점점 다듬어지고 섬세해진다는건 그만큼 지민이가 자란다는 뜻이겠지.

커가는 딸을 보는 것도 큰 기쁨이지만 지금의 지민이만이 표현할 수 있는, 다듬어지지 않은 반짝거리는 언어를 무척이나 그리워하게 될 것 같다.'

- 2015. 10. 16 블로그 기록 중

생각보다 아이는 정말 빨리 큰다.
하루는 늦게 가지만 일주일은 순식간에 지나간다.

한 달은 그럭저럭 지나가는데 일 년은 소스라치게 빨리 지나간다.

순간을 잡지 않으면 '뒤돌아보니 순식간에 십년이 지났구나.'라고 말하게 될 것이다.

일기 무료출판, SNS기록 모아 책으로 만들기

일기를 100일간 꾸준히 쓰면 무료로 출판해준다. 처음에 이 이야기를 들었을 때 어떻게 그럴 수가 있을까 싶었다. 세상 이렇게 감사한 일이 있나. 무료라는 말에 솔깃하여 슬쩍 쓰기 시작한 일기가 지금은 총 18권이 되었다. 맘스 다이어리, 남양아이 다이어리 등 육아일기 무료출판을 지원해주는 곳을 이용하면 된다.

하루에 한 바닥, 무엇이든지 남기고 있다. 한 바닥을 잘 넘어가지 않았다. 첫째가 태어난 지 이 글을 쓰는 지금이 1859일이니 18권이면 거의 첫째가 살아온 날 만큼 책이 계속 출판되어가고 있는 셈이다. 일기 초반에는 정말 일기를 주로 썼고, 지금은 사진이 주가 되고 짤막한 코멘트를 붙이는 식으로 흔적을 기록하고 있다.

둘째가 태어난 이후에는 하루에 2번을 기록하여 100일마다 2권을 출판하는 것이 나은 지 그대로 한 권만 하는 것이 나은 지 고민을 했다. 결국에 일기출판은 아이를 위한 것이라기보다 엄마인 나를 위한다는 생각으로 1권만 기록하기로 했다. 매일 일기는 '+첫째가 살아온 날+둘째가 살아온 날'을 제목으로 하고 있다. 물론 자녀 수만큼 일기를 꾸준하게 쓰는 부지런한 엄마들도 있다.

인스타그램, 카카오스토리, 페이스북, 밴드 등 SNS를 활발히 사용하는 사람이라면 '볼록북'을 통해 SNS기록을 모아 책으로 출판할 수도 있다. 기록하고자 마음만 먹으면 이토록 활용할 수 있는 것이 많으니 적절히 활용하도록 하자.

다섯 살, 여섯 살 배기 아기들이 갓난아기일 때의 자기 모습을 보면서 웃는다. 못생겼다면서 웃고, 입을 쩍 벌리고 크게 우는 자기 모습이 웃기다고 웃는다. 자신이 글자 쓰기에 집중하는 모습을 보면서 자못 진지한 표정을 짓기도 한다. 나는 그렇게 자신이 기록된 일기를 보는 모습을 또 찍어서 일기에 남겼다. 추억이 추억을 낳는다.

무료일기출판 : 맘스 다이어리, 남양아이 다이어리

SNS기록출판 : 볼록북

① 네이버 디데이 위젯을 활용하여 날짜를 확인한다.

② 날짜를 제목으로 정한 후 일기를 기록하면 된다. 나는 주로 비공개로 기록하지만, 많은 사람들이 일기를 쓰면서 다른 엄마와 소통하기도 한다.

아직도 자라는 엄마,
여전히 꿈꾸는 엄마

22

가장 쉽게
행복해지는 법

매일 아침 눈 뜨자마자 3가지 감사하기의 기적

> 모두가 행복을 찾아 헤맨다.
>
> 행복이 바로 자기 발밑에 있다는 것을 모르는 채.
>
> by 베르톨트 브레히트

나는 냉소적인 사람이었다. 사춘기 때는 심했다. 성적에 대한 스트레스와 가정불화 때문이었으리라. 사춘기 때 옆 반 친구 한 명이 늘 잘 웃고, 공부를 잘 하면서도 감정적으로 흔들림없고 늘 차분해 보여 부러웠던 기억이 난다. 난 왜 이렇게 비관적일까. 비관적인 나에 대하여 다시금 비관했다. 악순환이었다.

그런 성격이었던 데에는 나름대로 냉철한 현실 판단을 했기 때문일 것이다. '현실적이고 객관적으로' 생각하고 있다는 것에 사로잡혀, 비관으로 이어졌던 날들이었다. 근거 없는 자신감을 가지는 것이 뭐가 어떤가. 사춘기의 나는 그 생각을 못했다. 자신감을 가지려면 근거가 있어야 한다고 생각했다. 아무리 애써 벗어나려 해도 '지금 내 성적으로는 이미 늦었지.', '쟤는 나처럼 감정적으로 흔들림이 없으니 나보다 편하게 공부하겠지.'와 같은 생각이 마음 한 구석에서 나를 좀먹었다.

성인이 되고 나서는 다행히 그 정도 비관에서는 벗어났다. 대학교 1학년 여름방학 때 한 달에 20권 이상의 책을 읽었다. 비관과 우울에서 벗어나기 위해 독서를 택했다. 대학생이었던 내가 사춘기 시기의 비관의 절정이었던 과거의 나를 안아주는 시간을 보냈다. 놀랍게도 더 이상 심각한 불안과 예민함으로 고통 받지 않았다. 쉽지는 않았지만 성인이 되고 나서는 답답함을 꾹꾹 누르지 않고 적절하게 표현하고, 그럭저럭 행복하게 살아왔다. 지금도 그때에 읽었던 책들 중 몇 권은 내 뇌리에 강하게 남아있다.

엄마가 되니 더 나아가야 했다. 자식이 나로 인해 생긴 낮은 자존감을 대물림 할 수도 있다고 생각하니 걱정스러웠다. 내 아이는 스스로 마음 다치게 하면서 살게 하고 싶지 않았다. 세상을 긍정적으로 바라보는 자존감 높은 엄마가 되고 싶었다. 그럭저럭 행복한 것보다, 더 감사하고 행복하게 살고 싶었다. 모범답안 따라하듯 책을 읽었다. 상황이 바뀌어서 내 마음이 편하게 된 것은 아니다. 다만, 내가 변하게 할 수 있는 것에 대해 변화에 도전하는 용기를 냈고, 민감하게만 받아들이던 사안에 대해서는 포용력을 넓혔다. 꾸준히 독서하며 살아가는 나는, 지금은 내 가족에 대한 그 어떤 원망도 남아있지 않다.

'사람들은 왜 아이를 낳을까?'
나는 그 찰나의 햇살이 내게서 급히 떠나가지 않도록 다급하게 자판을 두드렸다.
'자기가 기억하지 못하는 생을 다시 살고 싶어서.'
— '두근두근 내 인생(김애란, 창비)' 중에서

'감사일기의 힘'이라는 책을 처음 읽은 날, 책상에 앉아 혼자 쭈뼛쭈뼛 감사일기를 써본 날의 느낌이 떠오른다. 여러 감사할 거리 중 아이에 관한 감사가 반 이상이었다. 나는 별 수 없는 엄마구나 하는 생각에 피식 웃음이 났다.

아이를 통해 엄마는 생을 다시 살며 배운다. 아이가 없던들, 내가 엄마가 되지 않던들 내가 나의 자존감에 관한 책을 이토록 많이 읽었을 수 있을까. 세상 무수한 엄마의 이야기에 공감할 수 있었을까.

나를 성장하게 하는 아이들에게 지금 이 순간 한 번 더 감사하다.

23

엄마의 행복 기준점이
너무 높다

감사 예찬

– 이해인

감사만이
꽃길입니다

누구도 다치지 않고
걸어가는
향기 나는 길입니다

감사만이

보석입니다

슬프고 힘들 때도

감사할 수 있으면

삶은 어느 순간

보석으로 빛납니다

감사만이

기도입니다

기도 한 줄 외우지 못해도

그저

고맙다 고맙다

되풀이하다 보면

어느 날

삶 자체가

기도의 강으로 흘러

가만히 눈물 흘리는 자신을

보며 감동하게 됩니다

엄마는 아이 키우는 것 외에도 '해야 한다'고 생각하는 것이 많다. 아이가 훗날 공부도 잘 하게 하고 싶고, 집도 차도 몇 년 안에는 업그레이드 해야할 것 같다. 해외여행도 1년에 한번쯤은 다니고 싶고, 몸매도 애 둘 엄마 같지 않게 예뻐야 할 것 같다.

다름 아닌 3년여 전 내 얘기다. 주관적인 행복보다, 객관적인 목표 달성이 더 중요했다. 이것저것 많은 것을 잘 해내고 싶은 엄마일수록 많은 부분에 에너지를 쏟는다. 나는 둘째가 세 돌이 될 때까지 평균적으로 일 년에 네 번 정도 심한 몸살을 앓았고, 그때마다 열까지 났다. 성인이 된 이후에 열이 나는 몸살을 하는 것이 처음이었고, 처음 이후로는 잦았다. 남편에게 겨우 아이를 맡기고 기어가듯 병원에 가서 수액을 맞고 정신을 차려가며 버텼다.

그맘때에 남편에게 자주 들었던 말이 있다.

"그런 것까지 다 하면서 힘들다는 말은 왜 해. 아무것도 하지 말고 좀 쉬든지, 아니면 힘들다는 소리를 하지마."

나는 아이를 보는 와중에 살이 찌면 안 될 것 같아 런지와 스쿼트를 하루 100개씩 하고, 플랭크(근육운동의 일종이다)라는 걸 하기도 했다. 하루에 30분정도 영어회화를 했다. 첫째가 어린이집을 다녀오면 '엄마 선생님'하자 하면서 아이를 책상에 앉히고 엄마표 활동 책을 뒤적였다. 아무것도 버리지 못한 삶이었다. 몸을 아끼지 않고, 몸살을 환영하는 듯이 혹사하며 살았다.

요즘 나는 다르다. 먹고 싶은 걸 적당히 조절하며 먹는다. 과한 운동은 하지 않는다. 아이들이 유치원에 다녀오면 결코 선생님 역할을 하지 않는다. 유치원 선생님께 '선생' 역할을 온전히 맡겼다. 예전에 기를 쓰고 아이에게 해주었던 것 중, 자기 직전 책 읽어주기 외에는 아무것도 하지 않는다. 예전의 그 에너지는 내 삶에 집중하고 있다. 지금이 훨씬 더 행복하다.

부족한 것에 집중해서 노력하는 삶과 지금 가진 것에 감사함을 느끼는 삶 중 어떤 것을 택할 것인가. 칼로 무 자르듯 반으로 자를 수 없는 문제이지만, 둘 중에 하나라면 단연 후자가 맞다. 갓난아기부터 아기가 화장실에 가서 볼일을 보고 뒤처리를 할 수 있는 그날이 오기 까지는, 행복에 대한 기대치를 낮추는 게 낫다.

별 다를 것 없는 내 일상 속에서 손쉽게 행복함을 느끼는 방법은 '감사하기'이다. 뻔한 소리인 만큼 가볍게 생각만 하는 경우가 많다. 세상의 불공평함에 분노가 일 때 더욱 필요한 것이 감사하기이다.

'그때 나는 알았지. 세상에 좋은 일을 한 것도 별로 없는 주제에 내가 세상에 무얼 그리 많이 바라고 있었는지. 세상이 내게 최상의 서비스를 해야하는 게 너무도 당연하다는 생각을 했고 그런 생각이 나를 얼마나 병들게 했는지 말이야.

그렇게 시간이 지나면서 놀라운 일이 벌어지기 시작했다. 진짜로 감사를 할 일이 많아진 거야. 어떤 날은 다섯 가지가 넘어 열 가지가 되도록 감사를 했다. 그중에는 남들이 듣기에 아직 살아 있어서 감사, 뭐 이런 이상한(사실은 이게 정말 감사한 일인데) 기도 말고 누가 들어도 감사할 만하다 하는 일이 점점 늘어나기 시작했지.(이렇게 말하니 이게 무슨 주술 같은 기분이 드는데…….. 그래 그러면 어떠니? 좋고 감사한데, 그치?)

— 딸에게 주는 레시피(공지영, 한겨레출판)

요즘에 나는 아침에 눈 뜨자마자 감사한 3가지를 찾는다. 일어난 직후엔 비몽사몽 당장 아무 생각이 없다. 누군가에게는 시답잖은 작은 것이 나에게는 감사의 대상이 된다. 별 생각이 없기에 보이는 것부터 찾는다.

일단 내 옆에 새근새근 자는 아이들이 밤새 무탈해서 감사하다. 오늘 아침을 무사히 시작할 수 있어서 감사하다. 어제 밤에 화를 내고 아이들을 다독여 재운 스스로에게 감사하다. 오늘 아침에 기분 좋게 눈뜬 나에게 감사하다. 어제 읽던 책이 재미있어서 감사하다.

성공한 사람들에 의하면 그 무시할 만한 작은 차이가 인생을 변화시킨다고 한다. 처음에 나도 억지였다. 아무도 없는데 부끄러웠다. '무슨 이런 일로 감사야……' 하지만 실제로 감사하기로 시작하는 그 순간이 아침을 기분 좋게 하고, 그 기분은 하루로 이어지고, 그렇게 삶으로 이어져간다. 감사한다는 말이 입에 베여 누구에게든 감사함을 표한다. 아침의 작은 감사가 인생을 변화시킨다.

비관적이던 사람이 하루아침에 감사할 거리를 찾는 것은 결코 쉽지 않다. 남보다 힘든 내 상황이 크게 느껴지기 때문이다. 감사하다는 생각부터가 오글거리고 스스로 부끄럽다. 그러나 그 처음의 민망함을 무릅쓰고 감사함을 연습하지 않으면 내 비관이 그대로 아이에게 전해진다. 근육을 단련하듯 감사한 마음도 훈련으로 내 마음에 스며들어야 한다. 감사한다고 아무도 비웃지 않는다. 혼자 민망해할 필요도 없다. 처음에는 훈련으로서 감사를 하지만, 이내 자연스럽게 행복을 찾으며 일상을 살 수 있다.

감사함에 '억지'는 어울리지 않는다.

가끔 삐뚤어져도 좋다. 누구나 그럴 수 있다. 살면서 항상 웃을 수만은 없는 법이다.

제자리만 기억하자. 일상 속 감사함을 잊지 않는 나. 그것이 나의 제자리이다.

이 글을 읽고 있는 당신이 오늘, 조금 더 행복했으면 좋겠다.

당신이 아이와의 평범한 오늘에 감사함을 느끼며, 마주보며 웃는 순간이 한 번이라도 늘어난다면 나는 더없이 감사할 것이다.

어느 누구도 다른 사람들보다 낫지 않다

언젠가부터 주위에서 우리는 특별한 존재라고 세뇌하며 자존감을 억지로 일으키려 하고 있다. 학교에서도 사회에서도 남과 달리

'특별한' 나여야 내 존재가 빛을 발하는 듯하다. 기계적인 주입식 교육의 폐해에서 벗어나려 한다는 점에서는 의미가 있으나 그것이 또 하나의 피로감으로 느껴진다. 정말 특별해야만 행복할까. 남과 달라야 행복할까. 아니 그전에 우린 정말 모두가 특별할까. 모두가 다 특별하면 결국 그건 평범해지는 것 아닐까.

최근에는 남들과의 관계나 경쟁으로 인한 피로감을 적극적으로 떨치게 하는 책이 많이 출간되고 있다. 그런 책은 분량이 많지 않고, 내용도 그리 어렵지 않다. 후딱 읽을 수 있게 예쁘고 작게 만들어져 서점에 가면 자연스럽게 내 눈길과 손길을 맞이한다. 기분이 언짢은 날, 시간을 내어 책 냄새나는 서점에 가서 어떤 종류든 가벼운 심리학책을 종종 읽으며 내 마음을 어루만져보자.

특별해야 행복하다는 강박을 버리면 역설적으로 더 행복에 다가설 수 있다. 북유럽에서는 남과 달라야 한다는 마인드가 행복을 방해한다고 생각한다. 덴마크의 얀테라는 마을에는 법칙이 있다. 얀테의 법칙이라고 불리는 이 법칙은 행복에 대한 가치관이 사람에 따라 천차만별일 수 있다는 것을 보여준다.

얀테의 법칙 10계명

1. 네가 특별하다고 여기지 말라.

2. 네가 우리와 같다고 여기지 말라.

3. 네가 우리보다 똑똑하다고 여기지 말라.

4. 네가 우리보다 우월하다고 여기지 말라.

5. 네가 우리보다 많이 안다고 생각하지 말라.

6. 네가 우리보다 중요하다고 생각하지 말라.

7. 네가 무슨 일이든 다 할 수 있다고 여기지 말라.

8. 우리를 비웃지 말라.

9. 모두가 너를 신경 쓴다고 여기지 말라.

10. 네가 우리를 가르칠 수 있다고 생각하지 말라.

얀테의 법칙은 해석하는 관점에 따라 의미가 달라진다. 분명한 것은 남들보다 우위에 서서 행복감을 느끼는 것을 철저히 배격한다는 점이다. 사람마다 고유의 영역이 있기에 타인과 비교해서 느끼는 행복은 진정한 행복이 아니라고 생각한다. 나아가 과한 도전 정신과, 주목받고 싶어하는 심리도 피하라고 한다.

급격한 경제발전 과정에 무조건 남을 짓밟고서라도 우위에 서기를 강요받았던 우리 대한민국인은, 상상하지도 못할 행복에 대한 가치관이다. 과한 교육열도 그렇다. 아이의 모든 불행의 씨앗은 내 아이를 다른 아이와 비교하는 데에서 싹튼다. 남보다 잘해야 한다, 남보다 특별해야 한다는 그 가치관이 아이와 엄마에게는 보이지 않는 폭력이 되어버린다.

다른 사람의 행복을 인정해야, 내가 더 행복해지고 우리 사회가 더 행복해진다. 특별한 우리는 특별하기에 평범하다. 나는 세상에서 유일한 엄마의 유일한 딸이고, 나의 자식들 또한 이미 특별하다. 그걸로 충분하다. 우리 아이들이 특별한 만큼 다른 아이도 아이의 엄마에게 세상에서 가장 특별한 자식이다.

모두가 다 특별해서 우리는 평범하다.

억지로 비교 우위에 서기를 스스로에게, 아이에게 강요하지 말자.

이미 우리는 불완전하기에 완전하다. 그걸 깨닫는 순간 행복은 이미 내 옆에 있다.

+ 전업맘, 워킹맘 +

가끔 지역맘 카페에서 전업맘과 워킹맘이 누가 더 힘든지를 두고 논쟁하는 경우를 본다. 각자 할 말이 많다. 논쟁은 끝도 없이 이어질 수 있다. 나는 전업맘의 힘듦을 조금은 안다. 오전이었다. 집을 귀신 같이 해 놓고 미칠 것 같은 상태로 아이들을 데리고 나왔다. 휴직하고 놀이터에서 아이 둘을 데리고 있을 때였다. 동네 어르신께서 추노꼴을 한 나를 애처로운 눈빛으로 바라보시며 얘기하셨다.

"아이고, 새댁. 아이 둘 본다고 집에서 노나 보네. 연년생이야? 그래 아이를 엄마가 키워야지. 그런데 우리 딸은 끝까지 일 안 그만 둔대서 내가 애들 봐주잖아. 우리 딸은 XX서 근무해. 애 키우면 꼭 다시 일 알아봐. 나이 드니 내 일이 없는 게 그리 아쉽다."

아이를 키울 때 자주 했던 생각이 있다. 대한민국은 오지랖 공화국이라는 것. 아기를 데리고 있으면 어른들은 방금 본 나에게도 애정과 질책을 동시에 담은 눈으로 누구에게나 지적과 충고를 하신다. 조근 조근 수류탄 하나씩 터뜨리시는 그 말씀이 아직도 귓가에 쟁쟁하다. 다 맞는 말일 수도 있다. 어르신은 아이는 엄마가 키워야 한다고 해놓고 은근히 직업을 가진 딸에 대한 자부심을 내비치셨다. 나는 직장을 돌아갈 계획이었지만 아무 이야기도 하지는 않았다. 기분이 나빴다. 내가 지금 놀고 있다고? 나는 매 순간이 전투였는데. 나의 모든 시간이 '노는 시간'으로 불리는 것이 소름끼치도록 싫었다. 나는 놀지 않았다. 전업맘을 칭할 때 '집에서 노는'이라는 관용어는 정말로 다른 용어로 바뀌어야 한다. 마음을 아프게 한다. 남편과 가장 많이 싸웠을 때도 내가 전업으로 아이를 키울 때였다. "집에 있으면서 왜 못해?"라는 말 때문이었다.

아기가 조금 커 아이들을 기관에 맡기고 출근을 시작할 때는, 워킹맘의 서러움을 겪었다. 지금도 이어지는 워킹맘으로서의 삶이지만, 아이가 어릴 때는 정말 힘들다. 일을 마치고 돌아오면 아침 그대로의 상황이 펼쳐져있다. 퇴근 하면서 가장 늦게 기관에 남아있는 아이를 데리고 집에 와서 아이를 놔두고 일단 청소를 해야 한다. 깨끗하게 정돈 하는 게 아니라 '로봇청소기'가 돌아다닐 만한 정도로만 정리를 한다. 그렇게 말하고 그냥 물건을 적당한 곳에 올려두는 게 다다. '남편도 나와 같이 일하는데 왜 나만 힘들까.'하는 생각 때문에 더 힘들다. 물론 지금 돌이켜보면 남편도 나름대로는 힘들었다. 젊은 남편일수록 요새는 육아에 적극적으로 동참하는 편이기에. 하지만 어쨌거나 객관적으로는 퇴근 직후에 계속 아이를 더 많이 보고, 집안일을 더 많이 하는 사람도 나였다.

각자의 인생에서 각자가 선택한 삶을 살아가는 것 뿐.

내가 너보다 더 힘들다 하며 서로를 미워할 필요가 없다.

너도 힘드냐, 나도 힘들다.

동시에 둘 다 가치 있는 삶이다.

축복 받아야할 삶이라며 서로 토닥토닥 하자.

24

예민한 엄마,
마음 근육 단련하기

행복은 괴롭지 않은 것을 뜻한다

by 법륜

긍정적인 변화는 쉽게 티나지 않는다

엄마가 되고 나서는 말 한 마디도 조심스럽다. 아이는 내가 생각하는 긍정적인 부분은 어찌 그리 요리조리 피해가고, 닮지 않았으면 하는 부분을 더 쉽게 닮는 건지 신기하다. 어떻게든 안 좋은 것은 안 주고 싶고, 좋은 것을 더 주고 싶은 마음이 엄마의 마음이다.

책을 읽고 난 후에는 여러 사유와 감정의 변화로 인해 어서 내가 원하는 나로 변하고 싶은 때가 많다. 문제는 내가 애를 써도 티나는 변화는 그리 녹록하지 않다는 것. 내가 한창 '감사하기'에 노력하고, 아이에게 온화하게 많이 웃어준다고 생각하는 어느 날, 남편에게 물었다.

"나 요새 좀 달라진 것 같지 않아?"
"응? 어떤 게 달라졌지. 앞머리 잘랐어?"

독서 후 긍정적 변화는 다이어트로 인한 신체변화보다 더 티가 안 난다. 다이어트를 결심하고 이틀 정도 가장 많은 노력을 한다. 다이어트 시작 직후에 남들이 내가 다이어트를 하는 것을 알아차린다면 그건 나의 체중감량 때문이 아니라, 내가 입으로 다이어트를 소문내었기 때문일 것이다. 남들이 내가 다이어트 중이라는 것을 알지 못해도, 결국 꾸준한 식이조절로 체중감량을 하였다면 굳이 내가 다이어트하고 있다고 이야기하지 않아도 모두 알아챈다.

독서도 이와 같다. 처음에 내가 변화를 시도한다고 곧바로 변하지 않을 뿐더러 아무도 알아채지 못한다. 내 오랜 부정적인 습관을 단번에 버리는 것은 쉽지 않다. 더군다나 긍정적인 사람으로 변하겠다고 다짐한 마음은 웬만한 노력으로는 티가 나지 않는다. 설령 변했다 하더라도 타인은커녕, 가장 가까운 가족조차도 내가 변한 것을 잘 모른다. 겨우 나 혼자만 느끼는 수준에 그치는 경우가 다반사다. 힘이 빠지고, 이렇게 노력해봤자 과연 변하기나 할까하는 생각이 든다.

그러나 남이 알건 모르건 개의치 않고 계속 변화를 위한 훈련을 해야 한다. 끊이지 않고 꾸준히 이어지고, 겉만 살짝 변하는 것이 아니라 저 깊숙한 마음까지 변했을 때라야 아주 조금씩 시작된다. 그제야 주변에서 나의 긍정적 변화를 눈치 채기 시작한다. 조급해하지 말자. 나만 멈추지 않으면 된다.

처음에 뭘 그렇게 혼자서 애를 쓰냐고 그냥 편하게 살라고 하던 남편도 이제는 혀를 내두른다. 그저 내뱉은 말을 실천하려는 끊임없는 시늉을 인정할 수밖에 없음이다. 아이들도 내가 무언가를 쓰고, 책을 읽는 모습을 일상적으로 인식하고 있나보다. 올해 봄에는 엄마 흉내를 낸다고 두꺼운 책을 들고와 열심히 읽는 척하는 모습을 보여 웃을 수밖에 없었다.

'나'를 인정하기

    요즘은 자기계발서보다 독자를 위로하고 격려하는 책이 많다. 우리나라에는 앞만 보고 달리느라 뒤와 옆을 살필 겨를 없이 열심히 살아온 사람들이 많아서 그런 것일까. 내 주변의 사람이 어떤 생각을 하는지, 어떤 행동을 하는지에 따라 내 행동이 영향을 많이 받는 삶을 살았기 때문일까. 이제 그렇게 열심히 살지 말라고 한다. 더 이상 주변 눈치 보지 말고, 할 말은 적당히 하면서 살라고 한다.

    기본적으로 참된 나를 탐색하게 하는 책들이다. 예전에는 긍정적이지 않은 것으로 치부되어 피해야했던 여러 행동과 모습이 이제 다른 관점으로 좋은 점을 인정 받기 시작한다. 나는 이런 독서의 편향이 당분간은 옳다고 생각한다. 사람들이 좀 느슨해졌으면 좋겠다. 모두가 피로하니 분노조절장애가 판을 치는 세상이다. 나도 옳고 너도 옳으면 좋겠다.

    꼭 예쁘고 날씬해야만 할까.
    꼭 개인이 조직에 희생해야 할까.
    꼭 월급의 반 이상을 저축해야만 할까.

꼭 피와 땀을 흘리며 열심히 살아야 할까.

누군가는 그렇게 살 수도 있고, 누군가는 다른 데에 가치를 두고
살 수도 있는 것이다. 타인과 함께 살아가는 이 세상엔 사람의 수
만큼 살아가는 모습도 가지각색이다. 우리 모두 각자 살아내느라
애쓰는 중이다. 남 눈치까지 보며 살아왔더니 여태껏 피곤했다.

> 좋은 점과 나쁜 점이 반반이다. 인간은 잔인할 정도로 서로 닮아있
> 다. 저분은 100퍼센트 좋은 사람이라고 철석 같이 믿고 있다거나, 저
> 사람은 귀신도 피해가는 악한이니 조심해야 된다는 판단이 옳았던
> 적은 없다.
> 우리는 어디에서도 끝맺음을 기약하지 못한다. 나만 그런 게 아니라
> 우리 모두가 그렇다. 흐리터분하고 애매모호하다. 그것을 알고 이해
> 하고 견뎌내야 한다.
> – 약간의 거리를 둔다(소노 아야코, 책읽는 고양이)

우리 모두는 어딘가 좋고, 어딘가 나쁘다. 당신이 무조건 존경하
는 그 사람도 어딘가는 나쁘다. 모두가 그렇다. 완벽한 사람은 없
다. 그걸 받아들이자. 그래야 내가 바라는 나의 모습을 솔직하게
그릴 수 있고, 어떻게 앞으로 나아가야할지 제대로 알 수 있다.

타인간의 영역뿐만 아니라 나라는 한 사람 안에서도 마찬가지이다. 게으른 나도 나이고, 자주 우울해하는 나도 다름 아닌 나다. 그걸 부정하려고 하지 않아도 된다. 누구나 다 남이 인정하는 성공한 인생을 사는 것도 아니다. 주변 모두가 나를 좋아해야 한다는 욕심이 조금이라도 있다면 당장 내려 놓는 게 좋다. 나는 부족함이 많은 사람이다. 나도 그렇고, 모두가 그렇다. '나는 누구인가?'라는 질문에 대한 답을 평생 찾으며 살아갈진대, 지금의 나를 부정하고 미워하지는 말자.

✔ 나는 섬세함을 가장한 예민함이 있다.
→ 남이 하는 말에 의미 없는 상처를 받지 않으려 노력한다.

✔ 나는 아이를 잘 키우려는 욕심이 있다.
→ '잘 키운다는 것'이 어떤 것인지 생각하고 책을 읽으며 스스로 답을 찾는다.

더 이상 나는 '예민한 건 나쁜 거야. 쿨한 사람이 되자.', '아이에 대해 욕심이 있는 건 부정적인거야.', 어디 가서 얘기하지 않아야지, 뒤에서 사람들이 수군거릴지도 몰라.' 하면서 스스로를 다그치지 않는다. 현재의 나를 인정하고 받아들이되 감사함을 잊지 않고 앞으로 나아갈 방향만 잘 잡으면 된다. 내가 바라는 내가 있다면 나의 좋은 점을 조금 더 크게 보고 노력하면 된다. 그 사실을 잊지 않는 것이 핵심이다. 자녀는 그런 나를 지켜보며, 미래를 향한 삶에 대한 태도에 영향을 받을 것이라 믿는다.

누군가는 꿈을 이루려 노력하는 삶이 느슨한 삶과는 다른, 매우 바쁘고 치열한 삶이라 생각할 수도 있다. 하지만 내 생각은 다르다. 타인의 삶을 존중하며, 내 삶에 여유를 가지고도 얼마든지 꿈을 쫓는 삶을 살 수 있다고 생각한다. '굿라이프(최인철, 21세기북스)'에 의하면 목표지향적인 삶과 행복한 삶이 다르다고 생각하는 것은 착각이라고 한다. 여유를 가지고, 내가 가고자 하는 방향을 잘 잡고 꾸준히 나아가는 삶이 바로 꿈을 이루며 행복하게 사는 삶일 것이다.

둔감력을 강화하자

둔감력이라는 단어는 '나는 둔감하게 살기로 했다(와타나베 준이치, 다산초당)'이라는 책이 2007년에 책을 출간되면서 사람들이 쓰기 시작했다. 스스로 예민하다고 생각하는 사람이라면 꼭 읽어 보길 추천한다. '이미 생겨먹은 게 까칠한 걸 어째.'라고 스스로를 놓지 말자.

둔감함은 눈치 없음과 같은 의미는 아니다. 어려움이 생겨도 개의치 않는 능력, 누군가가 날 기분 나쁘게 하려 해도 별로 신경 쓰지 않는 능력 정도가 되겠다. 실패에 대한 회복탄력성, 내가 마음먹은 것을 이루고자 하는 의지 모두 둔감력과 연관이 있다. 쉽게 말해 어떤 상황에서도 '그럴 수도 있지.', '그냥 다시 하면 되지.' 혹은 '너는 그러려니~'하는 마음 가짐이다.

인간은 당연히 외롭다

'야박하게 들릴지 모르겠지만, 진심을 말씀드리겠습니다. 너무 자주 위로받으려고 하지 마십시오. 함부로 남을 위로하려고 하지도 마시고요. 삶은 원래 고독한 것이고, 외로움은 살아가는 데 꼭 필요한 감정입니다. 견딜 만큼 견뎌보고, 도저히 혼자서 못 견뎌낼 때 위로를 구하는 게 좋은데, 요즘은 다들 위로를 남발하는 경향이 있어요. 저는 그런 게 좀 못마땅합니다.'

– 공감필법(유시민, 창비)

지금 책을 읽고 있는 엄마인 당신은 어떤지 모르겠다. 나는 자주 외로웠다. 외로워서 기대듯 남자친구를 사귀었다. 이제와 생각해 보니 나는 내 감정을 참 예민하게 잘 느꼈던 듯하다. 외로움과 우울감을 어떻게든 떨쳐버리고 싶었다. 어쩌면 나의 외로움, 우울감은 다른 또래도 느꼈을 수도 있다.

그러나 많은 이들이 그저 그러려니 하고 넘어갔던 그 감정에 홀로 집착하고, 벗어나려 애를 썼던 것 같다. 연애가 답은 아니었다. 그래도 임시방편으로라도 벗어나려했다. 서른을 훌쩍 넘은 지금의 나는 여전히 삶을 다 알지는 못해도, 외로움과 우울감이 누군가에게는 빼놓을 수 없는 인생의 일부라는 것을 안다. 그때보다는 조금 둔감해졌다. 성공적이다.

수선화에게

– 정호승

울지마라
외로우니까 사람이다
살아간다는 것은 외로움을 견디는 일이다

공연히 오지않는 전화를 기다리지 마라

눈이 오면 눈길을 걸어가고

비가 오면 빗길을 걸어가라

갈대숲에서 가슴검은 도요새도 너를 보고 있다

가끔은 하느님도 외로워서 눈물을 흘리신다

새들이 나뭇가지에 앉아 있는 것도 외로움 때문이고

네가 물가에 앉아 있는 것도 외로움 때문이다

산그림자도 외로워서 하루에 한번씩 마을로 내려온다

종소리도 외로워서 울려 퍼진다

타인이 듣기 싫은 소리를 해도 너무 괘념하지 말자

그 사람이 내게 기분 나쁜 소리를 했다. 그 사람이 나를 괴롭게 한 것일까? 아니면 내가 괴로운 감정 느끼기를 선택한 것일까? 심리학자 아들러는 이런 경우 후자가 답이라고 했다. 물론 기분 나쁜 감정을 전적으로 내 잘못이라 생각하라는 말은 아니다. 타인이 심각하게 내 자존심에 상처가 되는 말을 했다는 생각이 들면 그땐 내 마음을 표현해야 한다. 그러나 매사에 타인이 나의 자존심을 상하게 한다는 생각이 들면 타인에 대한 원망보다 나의 예민함에 대해 진지하게 생각해 보아야 한다.

기본적으로 타인이 내게 던진 무수한 말 중, 얻을 것은 얻고 버릴 것은 그냥 버리면 된다. 나의 말과 행동이 남에게 상처가 되지 않게 배려하는 것도 중요하지만, 타인이 별 생각 없이 던졌을 수도 있는 말에 일일이 상처를 받으면 결국 내가 힘들기 때문이다.

무슨 말이든 황금저울에 올리는 '민감한 사람들'이 있다. 그들은 끊임없이 상대를 관찰하고 말 한마디, 눈짓, 손짓, 입모양, 웃음소리에 의미를 부여하며 스스로를 깎아내린다. 그리고 사소한 일에도 자존감을 훼손당한 것처럼 모욕감을 느끼고, 상대의 모든 말이 자신과 관계된 것이라고 착각하며 상처를 받는다.

       – 너는 나에게 상처를 줄 수 없다(베르벨 바르데츠키, 걷는나무)

누구나 어느 정도 민감한 부분이 있다. 칼로 싹둑 잘라내듯 잘려나갈 수는 없다. 말처럼 쉽지 않지만 타인의 말과 행동을 거르는 내 기준의 촘촘한 그물망을 버리고, 이젠 조금 듬성듬성한 그물망으로 바꾸어 보는 건 어떨까. 나라는 한 사람으로서도, 엄마라는 존재로서도 조금 여유로운 마음을 가지면 나도 아이도 한층 가벼워질 것이다.

실패하더라도 별로 신경 쓰지 말자

'신경 *끄기*의 기술(마크 맨슨, 갤리온)'에 '가치 있는 것을 얻으려면, 그에 따르는 부정적 경험을 극복해야 한다.'라는 구절이 있다.

이 책은 인간은 살면서 어떤 형식과 방식으로든 경험하게 되는 고통을 처리하는 방식에 대한 책이다. 가치 있는 것을 얻기 위해 노력하다가 실패하면 극복할 일이지 좌절하지 말라는 이야기이다. 남 탓 하지 말고 내 행동을 선택하라는 것. 내 앞에 펼쳐진 부정적 상황이 내 잘못이 아니더라도, 부정적 상황 이후의 삶은 내 선택과 내 책임이라는 것. 그게 나에겐 이 책의 가장 큰 메시지로 다가왔다.

실패 없이 성공한다면 그건 진정한 성공이 아니다. 혹은 쉬운 성공이었기에 가치가 낮다. 실패는 어떤 목표를 이루는 과정에서건 경험한다. 하지만 사람들은 알면서도 실패에 좌절한다. 거듭된 실패에 포기한다. 그 때에 필요한 것이 둔감력이다.

예를 들어 하루에 30분 책 읽기를 시도했지만 며칠 만에 실패했다고 가정하자. 그럼 역시 나와 책과는 안 맞다고 생각하며 책 읽기를 그만둘 것은 아니다. 그러려니 하고 있다가 다시금 읽고 싶어지는 때가 오면 다시 책을 들면 된다. 육아서를 보고 배운 내용을 실천하려다 다시 아이에게 욱하는 자신을 보았다. 그럴 때 스스로 형편없는 엄마라 자책할 것이 아니라, 방금은 내가 실패했구나 하고 무심한 듯 다시 노력하면 된다. 실패에 둔감해지고 다시금 목표에 달려가는 힘. 엄마에게 둔감력은 꼭 필요하다.

　만일 위의 예와 같이 일상적으로 겪는 실패감과 좌절 외에, 큰 목표나 꿈을 이루기 위해 노력할 때에는 내가 들인 시간과 노력에 비례하여 실패했을 때 좌절감도 크다. 그럴 때엔 맹자처럼 생각해 보는 건 어떨까.

하늘이 장차 어떤 사람에게 큰 임무를 내리려 할 때는
반드시 먼저 그의 마음을 괴롭게 하고 근골을 힘들게 하며
배를 굶주리게 하고 몸을 곤궁하게 하며
무슨 일을 하든지 뜻대로 되지 않게 한다.
이는 그의 마음을 분발시키고 성품을 참을성 있게 하며
그가 절대 할 수 없었던 일들을 해낼 수 있게 도와주려 함이다.

　　　　　　　　　　　　　　　　　　　　　　　　– '맹자' 중에서

부정적인 감정도 필요하다

슬픔이 기쁨에게

- 정호승

나는 이제 너에게도 슬픔을 주겠다.

사랑보다 소중한 슬픔을 주겠다.

겨울밤 거리에서 귤 몇 개 놓고

살아온 추위와 떨고 있는 할머니에게

귤 값을 깎으면서 기뻐하던 너를 위하여

나는 슬픔의 평등한 얼굴을 보여 주겠다.

내가 어둠 속에서 너를 부를 때

단 한 번도 평등하게 웃어 주질 않은

가마니에 덮인 동사자가 다시 얼어 죽을 때

가마니 한 장조차 덮어 주지 않은

무관심한 너의 사랑을 위해

흘릴 줄 모르는 너의 눈물을 위해

나는 이제 너에게도 기다림을 주겠다.

이 세상에 내리던 함박눈을 멈추겠다.

보리밭에 내리던 봄눈들을 데리고
추워 떠는 사람들의 슬픔에게 다녀와서
눈 그친 눈길을 너와 함께 걷겠다.
슬픔의 힘에 대한 이야길 하며
기다림의 슬픔까지 걸어가겠다.

어떤 책에서든 감사하며 긍정적이고 진취적으로 살아가라고 얘기하지만 사실 부정적인 감정이 아예 필요하지 않은 건 아니다. 불의에는 분노를 느껴야 한다. 나에게 무례하게 대하는 사람에게는 웃으면 안 된다. 부정적인 감정도 필요하다. 다만, 부정적인 감정이 부정적인 데에 머무르게 하기보다 더 나쁜 곳으로 치닫지 않게 하는 것이 긍정의 힘이다. 예를 들면 이렇다.

부당함에 대한 분노로 세상을 변화시킬 원동력을 얻는다. 좋은 예이다.
부당함에 대한 분노로 모든 현실에서 회피한다. 나쁜 예이다.

상실에 대한 슬픔을 딛고, 힘든 사람 마음을 이해하고 위로할 수 있다. 좋은 예이다.
상실에 대한 슬픔으로 나와 달리 행복하게 살아가는 모든 사람을 미워한다. 나쁜 예이다.

우리 집이 찢어지게 가난했지만 돈을 열심히 벌고자 의욕적인 삶을 산다. 좋은 예이다.

우리 집이 찢어지게 가난했기에 세상의 모든 부자를 원망한다. 나쁜 예이다.

우리가 일반적으로 부정적으로 생각하는 모든 감정, 분노, 슬픔, 외로움, 수치심, 죄책감 등이 모두 이렇게 더 나은 사람이 되게 하는 면이 있다.

우울할 때 삽 들고 땅 팔 기세로 더 밑으로 밑으로 내려가지 마라. 그까지 내려간다고 평온한 것도 아니다. 부정적인 감정에 사로잡혔을 때, 그 부정적인 감정을 가만히 응시하자. 심호흡 몇 번으로 사라지면 좋으련만, 며칠이 걸릴 수도 몇 달이 걸릴 수도 있다. 기쁨도 그렇듯 슬픔과 우울도 실체가 없다. 응시를 하다보면 실체가 없다는 것을 깨닫는다. 실체가 없다는 것을 진정으로 알아차려야 그 감정이 사그라짐을 느낀다. 사그라지고 나면, 기지개 한번 펴고 고개를 쳐 들고 긍정으로 나아가는 여자가 되자.

독서를 하다보면 마음 근육을 자연스럽게 키우게 된다. 몰랐던 나를 이해하고, 주변의 누군가를 이해한다. 꾸준한 독서를 하면서 나와 세상을 이해하고, 주변을 보듬는 일상을 살아야 온전히 더 나은 삶을 좇을 수 있을 것이다.

내가 꿈을
계속 꾸는 이유

아이는 자신을 위해 희생하는 엄마를 원하지 않는다

Mehr Licht! (좀 더 빛을!)

– 괴테의 묘비명

꿈 얘기를 하려는데 묘비명이 나왔다. 파우스트의 작가, 세계적 대문호 괴테가 묘비에 저 말을 남기고 세상을 떠났다. 짧고 불분명한 만큼 사람들은 유언을 각각 다르게 해석한다. 괴테의 인간적인 삶의 면모는 차치하고서라도, 저 짧은 문장에는 우리 인간의 숙명이 담겨 있다. 죽기 전까지 '좀 더'를 외치는 존재. 그런 존재가 바로 인간이다.

우리는 왜 꿈을 꾸는가?

살아 있으니 그저 꾼다.

세상의 모든 경영자는 목표를 달성하면 목표를 더 높인다. 그것은 단순히 '욕심'이라고 치부할 수 없다. 더 높은 곳을 향해 끊임없이 나아가는 것이 인간의 숙명이기에. 자연스럽게 목표를 상향하고, 또 그 꿈을 이루려한다. 그 꿈을 이루면 또 다른 영역으로 꿈을 넓힌다. 그렇게 성장한다.

엄마도 인간이다. 당연히 꿈이 있다. 하지만 엄마라는 환경이 꿈을 잠시 놓거나, 포기하게 만들었다. 엄마가 스스로 자신의 꿈을 포기했거나 내 삶을 아이를 위해 희생하고 있다고 생각하면, 아이에게 엄마의 꿈을 전가하게 되는 경우가 많다. 아이는 아이의 꿈이 따로 있는데, 못 다 이룬 내 꿈을 아이에게 넘겨 이루려한다.

나는 잘 살고 싶었다. - 엄마 꿈이었다.

그렇게 안 되었으니 - 엄마 꿈이 실현되지 않았다.

너는 잘 살아야 해. -엄마 꿈이 아이 꿈에 얹어졌다.

그러면 공부를 잘 해야 해.

1등을 해야 해.

책을 많이 읽어야 돼.

엄마가 도와줄게.

엄마가 시킨대로 해…… 등등으로 번진다. 아이는 당연히 부담스럽다. 억지로 하라고 하기에 더 하기 싫어진다. 왜 그래야 하는지 도대체 모르겠다. 악순환이 시작된다. 스스로 꿈꾸는 법을 배워야 하는 아이가 타인의 꿈을 강요받으며 성장하면 후에 어떤 삶을 살게 될까.

거창한 꿈이 아니어도 좋다. 꿈은 단순히 '성공'만을 뜻하지 않기 때문이다. 집을 아름답게 하고 싶은 꿈을 가진 엄마라면 나이가 들어도 끊임없이 집안을 아름답게 꾸민다. 내가 사는 공간을 내가 꿈꾸는 집과 방으로 만들기 위해 집안 곳곳에 손길을 댄다. 그것이 그 사람의 꿈인 것이고, 꿈을 실현하는 과정이다. 객관적인 성공과는 다른 영역이다. 지금 만족한다고 해서 꿈 없는 삶을 산다고 할 수는 없다. 만족스러운 삶을 이미 영위하고 있다 하더라도 그러한 삶을 유지하는 것도 꿈이 될 수 있다. 행복한 삶을 유지하는 것도 쉽지는 않기 때문이다.

책을 읽다보면 나와 비슷한 환경에 있으면서도 꿈을 이루며 살아가는 사람이 많다는 것을 알게 된다. 내가 '할 수 없는 이유'를 단단히 붙들고 있는 사이에, 다른 이는 '그냥 이루어가는 중'인 것이다. 책은 꿈을 꿀 수 있게 독자에게 동기를 제공한다. 꿈을 이루고 살아가는 사람들이 자신이 행복하다는 증거를 책으로 남긴다. 찾아보면 자신에게 영감을 받아 꿈을 이루길 바라는 마음에서 쓴 책이 정말로 넘친다.

꿈과 현실의 갭이 클수록 당연히 이루기 힘들다. 복권 당첨은 꿈이 아니고 단순히 요행을 바라는 것이다. 내 노력이 꿈이 이루어지는 데에 영향을 미치지 못한다. 꿈은 역설적으로 나의 현실과 맞닿아 있다. 여차하면 내 현실이 되는 것. 그런 것이 꿈이어야 쉽게 이룰 수 있다. 물론 원대한 꿈을 꿀 수도 있다. 다만, 원대한 그 꿈이 지금 현실과 많이 멀다면 그 꿈을 이루기 위해 작게 작게, 더 작게 쪼개서 하나씩 이루어나가야 한다. 산 정상만 생각하면 오를 수 없다. 지금 당장 10걸음, 100걸음을 걷고, 가까운 목적지에 도착할 때마다 당차게 깃발 하나씩 꽂고 올라가다보면 어느 새 정상이다.

괴테처럼 죽기 직전까지 외칠 필요는 없다.
그러나 오늘을 사는 동안에는 책을 읽고 '좀 더!'를 외치며 끊임없이 꿈꾸자.

다음과 같은 상황을 머릿속에 그려보자.

아이가 엄마와 대화하는 장면이다.

"엄마, 엄마는 꿈이 뭐야?"

"응, 엄마는 네가 나중에 큰 사람 되어서 세상을 빛내는 거야."

"아니, 그건 엄마 꿈이 아니잖아. 엄마 꿈 말이야, 엄마."

일시 정지를 한 후, 뒤로 감기를 누르고 내가 답해보자.

"엄마, 엄마는 꿈이 뭐야?"

퇴근 후 디로딩 타임(deloading time)의 중요성

디로딩 타임이 뭘까?

엄마는 너무 바쁘다. 워킹맘이든, 전업주부든 할 일에 치여 산다. 엄마 뿐 아니라 오늘을 살아가는 많은 이에게 먼 산 5분 바라보는 여유가 없다. 끊임없이 날아오는 공을 쳐내듯 이 일을 끝내면 저 일을 한다. 할 일이 너무 많기에 반대로 일하지 않는 순간이 필요하다. 디로딩 타임이다. 디로딩 타임은 뒤로 물러나는 시간을 뜻한다. 인간의 신체는 끊임없이 달리거나, 무한정 근육을 만들 수 없다. 그래서 운동을 체계적으로 할 때 '디로딩 타임'을 반드시 가진다.

마음에도 디로딩 타임을 가져보자. 디로딩을 하는 가장 쉬운 방법은 휴식. 순우리말로는 쉼, 근사한 말로는 명상, 쉽게 말하면 멍 때리기를 뜻한다. 전업주부라면 육아 퇴근 후, 워킹맘이라면 직장 퇴근 후. 뇌를 쉬게하자. 2014년 이후로 한강에서 매년 '한강 멍때리기 대회'가 열리고 있다. 많은 이들이 멍 때리기의 좋은 점을 알게 되어 기쁘다. 멍을 잘 때리기 위해서 책도 나오는 판국이다.

멍 때리기는 일하지 않는 것은 물론이고, 나아가 아무 것도 하지 않는 순간 자체이다. 폰을 만지는 것은 금물이다. TV 및 영화 시청도 마찬가지이다. 책 읽기도, 무엇을 먹는 것도 디로딩은 아니다. 멍 때리다가 잠이 들 때도 있다. 멍 때리다가 자연스럽게 잠이 드는 것은 어쩔 수 없다. 그러나 무언가를 보거나, 듣거나 하다가 잠이 드는 경우는, 뇌가 온전한 휴식을 취하지 못한다.

아이가 책을 읽다가, 혹은 공부를 하다가 멍해 보이는 순간에 곧바로 화를 내지 말자. 물론 아이가 독서나 공부에 집중하지 않는 상황은 엄마로서는 그리 반갑지는 않다. 다른 생각에 사로 잡혀 꽂혀있는 상황이라면 곧바로 집중을 유도하는게 맞지만, 그게 아니라면 단 1분이라도, 멍~한 순간을 지켜봐주자. 막상 지켜보면 생각보다 멍한 순간도 오래 지속되지 않는다. 아이 뇌는 내가 지켜봐준 시간 동안 휴식을 취한 셈이 된다.

디로딩 타임을 가지면 무엇이 좋을까?

철학자 아르키메데스는 목욕 중 따뜻한 물 속에서 멍 때리다 유레카를 외치며 뛰쳐나왔다. 인간 시계로 불리던 철학자 칸트도 아무 생각 없이 산책하다가 좋은 아이디어를 자주 떠올렸다. 이처럼 아무것도 사유하지 않는 순간이 더 큰 생각을 만들어 내는 경우가 많다. 카이스트의 물리학자이자 뇌과학자인 정재승씨도 해질녘 가볍게 산책하는 때에 창의성이 많이 발휘된다고 했다.

다이어트에 대한 강박이 있는 경우 디로딩 타임을 가지면 살이 더 잘 빠진다고 한다. 다이어트에 대한 스트레스에서 잠시 벗어나 멍한 상태를 애써 연습하면 먹는 것과, 먹지 말아야할 것에 대한 집착이 줄어들기 때문이다.

아침 일찍 일어나 심호흡을 10번 크게 하면서 떠오르는 생각을 가지런히 정리하면서 머리와 마음을 비운다. 나홀로 '정리명상'이라고 부르고 행한다. 전날까지 겪었던 안 좋은 것을 정화한다. 심호흡하면서 안 좋은 생각이 떠오르면, 안 좋은 생각을 머릿속의 종이에 갈겨 쓰고, 접고 접어 손가락 한 마디 만큼 작게 만들어 쓰레기통에 버린다.

처음에 이 활동을 해보면 겨우 심호흡 10번 동안에만 행하는 것임에도 생각보다 쉽지 않다는 것을 느끼게 된다. 매순간과 찰나에 수없이 많은 생각이 오간다. 뇌는 매순간의 상념과 감정에 영향을 끊임없이 받고 있다. 의식적으로 좀 쉬게 해주자.

뇌가 쉬면, 현실 속 문제가 해결 되지는 않는다손 치더라도, 내가 현실을 바라보는 시각이나 상황을 받아들이는 인식에 여유가 생긴다.

어떻게 디로딩 타임을 가지지?

무언가 할 것이 남은 상태에서 온전히 디로딩 타임을 가지기 힘들다. 무의식 중에 자꾸 해야 할 일을 떠올린다. 물론 직장맘은 퇴근하고 나서도 집에 도착한 이후에 해야할 일이 떠오를 수도 있지만 보통은 회사를 퇴근하면 약간의 피로감을 곁들인 채 멍~한 상태로 집에 가게 된다. 이 때 라디오를 듣지 말자. 디로딩 타임을 방해하지 말자.

미타임을 확보해 일주일에 정해진 일정한 시간에 몰아서 디로딩 타임을 가질 수도 있다. 업무를 끝내고 하루 중 일정한 상황이나 시간에 디로딩을 가지는 것이 더 좋다. 일상의 소모적인 감정 찌꺼기가 매일매일 쌓이기 때문이다. 디로딩 타임은 내가 의도하지 않아도 찌꺼기를 조금씩 머리와 마음에서 치워준다. 전업주부라면 육아퇴근 후에, 워킹맘은 직장퇴근 후 차안에서.

'호흡'으로 멍 때리기를 유도하면 좀 쉽다. 다른 감각에서 잠시 벗어나, 내 호흡에 집중하는 것이다. 호흡에 집중하며 머릿속은 비운다. 생각이 떠오르면 잠시 응시하고 생각을 머릿속에서 종이 접듯 접는다. 이 훈련만 해도 쉽게 명상을 할 수 있다. 명상이라고 하면 가부좌를 틀어 정자세로 있는 상태로 일종의 하나의 의식이라고 생각하는 경우가 많다. 그런 부담을 느끼지 마라. 언제 어디에서든 호흡만으로도 할 수 있는 것이 명상이다. 겨우 심호흡 10번이 주는 일상의 여유는 생각보다 더 크다.

멍 때리는 여유도 없는 삶은 슬프다. 자신의 상황에 따라 1분간

창밖 바라보기, 심호흡 10번하기 등 언제든 마음만 먹으면 할 수 있는 방법을 찾아보자.

26

책을 읽고
상상을 현실로

저 높은 곳에 올라가 있는 사람을 내 옆으로

세상에는 단 두 가지 법칙만이 존재한다.

1. 절대로 포기하지 말 것

2. 첫 번째 법칙을 절대로 잊지 말 것

－ 듀크 엘링턴

머릿속에 내가 닮고 싶은 성공한 사람을 한 명 떠올려 보자. 흉내 낼 법한 사람인가?

그들은 먼 존재 같기만 하다. 그들의 인생 얘기를 듣고, 가치관을 알고 나면 나는 감히 엄두도 내지 못할 것만 같다. 별과 달 같다. 멀리 있다는 느낌이 든다. 그들이 얼마나 빛나는 사람인지는 나랑은 별 상관없는 듯하다.

　요즘에는 각고의 노력으로 성공한 후, 책을 쓰고 전국을 돌아다니며 강연하는 사람이 늘고 있다. 성공한 사람은 자신의 성공의 비밀을 소문낸다. 혼자 겪고 몸소 알아낸 비밀을 책으로, 강연으로 동네방네 알린다. 자신만의 비법을 많은 사람에게 알려 자신과 같은 윤택한 삶을 더 많은 이가 누리기를 바란다. 그들은 이미 가진 것이 많고, 앞으로도 자신이 원하는 바를 반드시 이룬다는 믿음이 있기에 숨기지 않는다. 애초에 숨길 요량이었다면 책으로 자신의 성공에 대한 이야기를 하지 않았을 것이다.

　참 감사하다. 이들의 이야기를 읽을 땐 별 같은 그들을 내 옆에 의자를 하나 갖다 두고 앉히자. 해 같은 그들을 내 옆에 앉혀서 그들이 나도 할 수 있다고 손을 내밀어주고 있다. 성공에 대한 책을 여러 권 읽다 보면 읽는 속도가 점점 빨라지는데, 이는 결국 성공하는 사람이 알려주고자 하는 메시지가 공통적으로 겹치기 때문이다. 그 중 몇 가지는 엄마라는 것을 핑계로 주저앉아 있는 우리를 일으켜 세운다.

첫 번째 특징 – 큰 실패를 겪었거나, 좋지 않은 환경에서 시작했다.

크게 성공한 사람 중, 처음부터 앞선 출발선에서 시작한 사람은 없다. '큰 성공'이라는 말 자체가 그렇다. 처음부터 타고난 부자이거나, 실패를 모르고 성공한 사람이라면 큰 성공이 아니라 예정된 성공이다. 그래서 책으로 자신의 삶을 풀어낼 수 없다. 그들은 평범한 대다수의 사람에게 희망과 용기를 줄 수 없다. 시작부터 평범한 우리와 다르기 때문이다. 재벌 2세는 자서전은 쓸 수 있을지 모르겠으나, 자신의 성공의 비법을 알릴 수는 없을 것이다.

큰 성공을 이룬 이들의 고난은 남다르다. 남들보다 가난함은 예사다. 건강이 좋지 않거나 큰 상실을 겪음도 일반적인 일이다. 핍박을 받거나 불공평한 처우도 다반사다. 안 좋은 상황을 딛고 일어섰다. 그럼에도 일어나 무언가를 이루었다. 그 배경엔 그들의 회복탄력성이 있다. 회복탄력성이란 자신에게 닥치는 역경과 어려움을 딛고 다시금 도약하는 힘이다. 성공은 곤경이나 실패가 없는 상태가 아니라 역경과 고난을 극복한 상태인 것이다.

이런 류의 책을 읽고 나면 내가 꼭 하는 말이 있다. 이런 절망적인 상황에서도 이 사람은 이겨냈구나.

'나는 ～～만 하면 되겠네.'

사실 '～～만'의 내용은 객관적으로 어려울 수 있다. 예를 들면 김승호 회장의 꿈을 이루는 방법인 '100번 쓰기'는 결코 쉽지 않다. 하지만 '～～만'이라고 표현함으로써 힘듦을 쉽게 생각한다. 아, 성공하려면 소원을 100번 쓰기만 하면 되겠네. 그렇게 생각하면 뇌가 어려운 줄 모른다. 여러 가지는 못해도 한 가지 하는 건 쉽다. 그렇게 가볍게 생각해버린다. 그들이 한 행동이 뭔가 엄청난 것이라 생각하면 그렇게 된다. 실제로 엄청난 것은 맞다. 하지만 끌어내려보자. 나도 할 수 있는 것이라 내려 보자. 그리고 해보면 된다. 손해 볼 것 없다.

두 번째 특징 – 될 때까지 믿고 실천한다.

2009년에 출간된 '일본전산이야기'라는 책의 표지에 '즉시, 반드시, 될 때까지 하라!' 라는 카피가 있었다. 제목도 아닌 카피가 주는 울림이 커서 아직도 회자되고 있다. 성공하는 사람은 추진력이 뛰어나다. 그 추진력은 '곧바로 실천함'에서 나온다. 미적거리지 않는다. 된다 싶으면 그냥 한다.

물론 그 와중에 실패하기도 한다. 그들도 인간이기에 오판한다.

아무리 지금 승승장구 하더라도 이미 실패 했던 적이 있을 수도 있고, 앞으로 또 할 수도 있다. 하지만 성공을 아는 사람은 그에 별로 개의치 않는다. 다시 회복하는 법을 알기 때문이다. 즉시, 반드시, 될 때까지 하면 된다는 것을 알기 때문이다.

그들이 스스로 믿는 힘은 대단히 커서, 그 믿음을 누가 깨려 해도 부서지지 않는다. 굳건하고 확고하기에 다시 일어선다. 성공한 사람 중에는 실패를 겪지 않은 사람도 있다. 남보다 좋은 출발선에서 시작한 사람도 당연히 있다. 하지만 이 두 번째 공통점인 '믿고 실천하는 힘'은 성공한 사람들이 모두 가지고 있다고 해도 과언이 아니다.

세 번째 특징- 꾸준하다.

돈오점수라는 말이 있다. 단번에 진리를 깨친 뒤(돈오) 번뇌와 습기를 차차 소멸시켜가는(점수) 불교 용어다. 어떤 책을 읽고 '그래! 나도 할 수 있어! 오늘부터 시작! 안 읽었으면 어쩔 뻔했어.'하고 이틀 뒤에 제자리다. 그것을 반복하기라도 하면 좋겠다. 그럼 3일마다 꾸준하게 반복하는 셈이라도 되니까. 대부분은 한 권 읽고 감탄하고 엄청난 결심을 하고 시작하다 이내 멈춘다.

돈오했으면 나아가 점수해야한다. 감탄만 연발하고 계속 그 자리에 머무르면 돈오가 소용이 없다. 오히려 시간 낭비가 된다. 책을 읽은 후 돈오한 것을 기록해서 결심해서 하기로 한 행동을 반복하자. 꾸준히 책의 가르침을 따라 해보자. 감탄만 하는 리액션 좋은 청중 같은 독자가 되지 말고, 감히 그들을 흉내 내자. 흉내를 내다보면 내가 언젠가 그를 넘어서지 못하란 법은 없다.

누군가 나에게 "너 아직 그때 그거 하고 있어?"라고 물을 때, "응. 나 그거 아직도 하고 있어."라고 답할 수 있는 사람이 되자.

평범한 일을 평범하지 않게 해내는 것이 바로 성공의 열쇠이다.
– 헨리하인즈

평범한 일을 평범하지 않게 해내는 힘이 바로 꾸준함이다.
꾸준함은 모든 것을 이긴다.

엄마는 꿈이 뭐냐면

오랫동안 꿈을 그리는 사람은

마침내 그 꿈을 닮아간다

– 앙드레말로

'동치미'라는 TV프로에 김미경 씨가 출연한 적이 있다. 엄마를 대상으로 하는 강연이었다.

김미경씨 : "엄마는 꿈이 뭐예요?"

엄마 : "저는 됐고요. 우리 아들 한의대 가는 거예요."

김미경씨 : "어머님, 어머님이 직접 한의대 가세요. 10살짜리 아들 한의대 보내는 것보다 엄마가 2년 공부해서 가는 게 빨라요."

엄마 : "저는 그런 머리가 안 돼요."

김미경씨 : "어머님 아들도 똑같아요~."

아이가 커서 한의대를 가는 것이 엄마의 꿈이 될 수는 있다. 하지만 아이가 원하지 않는 엄마 꿈이고, 엄마가 직접 이루는 꿈이 아니기에 진짜 엄마 꿈이 아니다. 게다가 아이에게 원하는 바가 내가 생각해도 힘들다면 그 과정에 누구도 행복하지 않다.

신나게 사는 사람을 살펴보면 하고 싶은 것이 많고, 뜬구름 잡는 소리를 많이 한다. 그 안에서 실제로 할 수 있는 것과 오랜 시간이 지나도 이루기 힘든 일이 있을 터이다. 분명한 것은 몽상을 포기하지 않는 이들은 뜬구름 리스트를 조금씩 이루어가는 삶을 산다는 점이다.

많은 엄마가 이미 습관적으로 무엇이든 현실적으로 생각한다. 가만히 있으면 상황이 그렇게 흘러간다. 수입이 많든 적든 경제적인 부분에 대해 걱정을 하고, 아이들의 생활 습관에 대해 고민하고, 험난해지는 세상을 보며 우리 아이가 살아갈 이 세상에 대해 불안함을 느낀다. 그 와중에 무슨 엄마 꿈타령을 하느냐 반문하며 그럴 여력이 있으면 아이에게 조금 더 신경을 쓰는 게 맞다고 생각한다. 현실적인 엄마는 자식을 위해 '좋은' 엄마가 되고자 희생을 마다 않는다. 그런 후 아이가 뜻대로 행동하지 않으면 '내가 너를 어떻게 키웠는데, 너는 어찌 이럴 수가 있니.'와 같은 생각을 한다.

엄마는 뜬구름 잡는 생각을 해선 안 되는 걸까. 엄마가 좀 뻔뻔해지면 큰 일 날까. 말도 안 되는 것, 상상하면 좀 어떤가. 나는 엄마들이 엉뚱한 생각을 많이 했으면 좋겠다.

내가 좋아하는 만화가 중 '낢'이라는 작가가 있다. 낢 작가는 일상툰을 연재했고, 어린 시절에 부모님과 함께한 일화를 가끔 그렸다. 이 작가가 어렸을 때 가끔 작가 아버지가 "오늘 우리 캠핑가자!" 하면서 거실에 텐트를 쳤다고 한다. 거실에 텐트를 치고 네 가족이 들어가서 맛있는 것도 먹고 했다고 한다. 뜬금없고 뚱딴지 같다. 어쩌면 그렇게 뜬금없이 재미있게 살았던 시간이 낢 작가를 웹툰 작가로 만들지 않았을까.

상상을 해보자. 내가 만약 엄마가 아니라면, 나는 지금 어디에서 무엇을 하고 있을까?

3~5가지 정도를 떠올려보자. 그 중 내가 지금 할 수 있는데 이유 없이 미뤄둔 것은 무엇인가. 단 한 가지라도 있다면 실행할 궁리를 해보자. 내가 왜 이걸 여태 할 생각을 안 했는지 스스로 반문하며.

나도 예전에는 꿈은 그냥 현실이 아니니 꿈이지 하고 생각하며 마음에 묻어뒀다. 전쟁 같은 하루하루를 버티듯 살기 바빴다. 책을 쓰는 것은 그중에서도 요원한 꿈이었다. 언젠가 언젠가 언젠가는…… 이라고 불투명한 미래에 감췄다.

친구가 하루는 내게 물었다.

"야, 너 예전에 책 쓰고 싶다고 했잖아."

"아, 그거? 그게 말처럼 어디 쉽냐."

"그래도 예전부터 꿈 꾸던 거 아냐?"

"그래서 꿈이지 뭐."

불과 1년 전의 대화다. 언젠가 나의 책을 쓰고 싶다는 가벼운 나의 몽상을 막연한 미래에 던져 두고 먼 미래의 일로 치부해버렸다. 그러다 우연히 책쓰기 책을 읽었다. 책쓰기 책을 읽고 다시금 나의 꿈을 떠올리고, 책의 가르침대로 감히 실현할 계획을 세워보았다.

몽상을 현실로 끌어왔다. 실은 본격적으로 계획하기도 전에 마음먹은 순간부터 나는 행복했다. 설렜다. 거창하게 생각했으면 시작하지 못했을 것이다. 그냥 딱 한 발자국만 더 나가보자고 용기를 냈다. 한 발 자국 안 되면 반 발자국이라도. 앞으로 나아가보자. 나가서, 안 되면, 뭐 어떤가. 다시 쉬었다가 한 발자국 다시 나가보는 거다.

27

아이들은 꿈을 꾸는 엄마의 모습을 보고 자신의 꿈을 꾼다

엄마보다 나, 아내보다 나

가벼워지기를 바라고 새가 되기를 바라는 자는

자기 자신을 사랑해야 한다.

– 차라투스트라는 이렇게 말했다(니체)

선녀는 옷을 되찾아 입고 가벼워져 하늘나라로 올라갔다. 훨훨 날아올랐다. 선녀가 원래 자기 옷을 입기 전에는 아이들이, 남편이 땅에 붙어 있으라고 잡아 끌었다. 선녀는 자신의 옷이 아닌 엄마와 아내라는 옷을 입고 살림하고 아이를 돌보며 남편 뒷바라지를 했다. 아마도 원망도 많이 했을 테다. 내가 있을 곳은 원래 여기가 아닌데 하며. 그렇게 살다 자신의 옷을 입고 다시 자기를 되찾아, 하늘로 올랐다. 우리에게도 입기만 하면 본래의 나로 돌아가는 그런 옷이 있다면 얼마나 좋을까. 그리하여 니체가 말한 가벼운 새처럼 자유롭게 날아오를 수만 있다면.

누구 엄마, 누구 아내로 불리기 시작하며 내 이름과 멀어졌다. 가끔 내 생일이 다가와도 왠지 아득하다. 엄마로 살게 되면서 나로 살지만 내가 아닌 채 살게 되는 많은 순간에게 그동안 수고 많았다고, 대화를 건네자. 니체는 새처럼 가벼워지기 전에, 자신을 사랑하라고 했다. 아이 돌보느라, 집안 청소하랴, 저녁 짓느라 늘 분주한 뒷모습의 나에게 인사를 건네자. 사랑을 가득 담아.

너, 거기서 안녕해? 이 순간도 그리 부지런히 살아간다고 참 수고 많다. 아이한테 오늘 뭘 해 줄지 생각하는 만큼 널 위해 무엇을 할지도 생각해봐.

이제 숨 좀 돌리고, 조금씩 너를 위해 살아보는 건 어때.
그래도 괜찮아. 네 삶을 응원해.

내 이름을 잊지 않고 나를 위해 책을 사고, 나를 위해 운동하고,

나를 위해 살자. 화장을 할 때도 거울 속 나를 유심히 바라보자. 거울 속 내 눈을 지그시 바라보자. 그렇게 나를 유심히 바라보며 부르며 살아가자.

선녀는 처음에는 옷을 되찾은 후 아이마저 두고 홀로 하늘로 올라간다. 비범한 선녀가 아닌 우리는 선녀 옷이 있다 하더라도 차마 아이를 두고 하늘로 떠나 올라가지 못할 것이다. 아이가 태어나 엄마로서 살아가게 되어 나만의 인생과 훌쩍 멀어졌다 해도, 아이들이 주는 행복감 또한 이제는 놓을 수 없다.

꿀벌은 꽃을 찾아다니며 꿀을 얻는다. 동시에 꽃의 수분이 이루어지게 한다. 엄마로서의 삶도 포기하지 않고, 나 자신으로서의 삶도 챙기는 것이 꿀벌이 꽃을 찾아다니며 꿀을 얻는 것과 닮았다. 내가 포기하지 않고 아이들에게 내가 가진 꿈을 자랑하며 이루어가는 모습을 보여주며 살아가면, 억지로 의도하지 않아도 꽃이 필 것이다. 내가 느끼는 행복이 아이에게 그대로 전해져 꿈을 꾸며 사는 삶, 꿈을 이루는 행복한 삶이 어떤 것인지 옆에서 보고 듣고 느낄 것이다.

언젠가 지금이 오래 전 과거가 되어 돌이켜 보는 순간이 오면,

그때도 참 꿈꾸며 행복했다고. 그 때 꿈꾸길 참 잘했다고 나를 기특하게 여기게 되길 간절히 바란다.

나는 좋은 엄마가 아니다. 그저 끈질기게 배운 것을 실천하려 노력하는 엄마이다. ★

★ ★

책을 여기까지 읽어준 당신께 진심으로 감사의 말을 전합니다.

책을 자주 읽고 서평을 나름대로 꾸준히 써왔기에, 조금은 만만하게 생각했던 탓일까요. 책 읽기와 책 쓰기는 전혀 다른 차원의 문제라는 것을 몸소 체험했습니다. 내가 무슨 말을 하고 있는지 알아차려가며 글을 쓴다는 것은 아주 힘든 일이더군요.

저는 아이를 충분히 다 키우지도 않았고, 오늘도 고군분투하며 육아를 하고 있는 평범한 엄마입니다. 게다가 심리적으로도 여전히 미숙한 제가 이게 좋다 저렇게 해야 한다 하고 독자에게 자꾸 명령 투의 말을 하는 것도 독자인 엄마들이 불편하지는 않았을지 걱정이 됩니다. 무엇보다 내 안의 다른 자아가 끊임없이 저를 관찰하며 글에 대해 비평을 해대서 속이 참 시끄러웠습니다. 불편한 부분이 있으셨다면 에필로그를 빌어 고개 숙여 미안한 마음 전합니다.

그럼에도 불구하고, 책의 마지막페이지까지 써냈다는 자체에 스스로 박수를 칩니다. 짝짝짝. 노트북 앞 의자에 커피 한 잔을 옆에 두고 앉아, 하얀 바탕의 한글 프로그램을 켜두고 키보드를 두드려가며 지금 아이를 키우는 이 세상의 엄마들과 지금의 나, 그리고 과거의 내가 끊임없는 대화를 나누었습니다. 엄마들에게 어떤 말을 건네면 책을 좋아하게 할 수 있을지, 육아로 지친 심신을 북돋을지, 자신의 꿈에 욕심을 낼 수 있을지. 고민하고 또 고민하는 시간이었습니다.

또한 많은 엄마에게 도움이 되고자 부끄러움을 무릅쓰고 쓰기 시작한 글이 도리어 저를 이해할 수 있게 해주었습니다. 결혼 전의 나부터 지금 당장을 살아가는 나까지 차분하게 이해하고 반성하는 시간이었습니다. 책을 쓰게 된 계기가 되어준 모든 엄마들에게 고맙습니다.

우리 아이들이 살아갈 세상은 어떤 곳일까요. 불과 10년 전만 하더라도 장소를 가리지 않고 인터넷을 할 수 있다는 것은 상상하기 힘든 일이었습니다. 세상은 예상과 예측의 범위를 벗어날 만큼 변할 것이고, 시간은 늘 그래 왔듯이 인정사정없이 빨리 흐를 것입니다. 내가 엄마로서 울타리가 되어줄 수 있는 시간은 그리 오래남지 않았다는 사실은 떠올릴 때마다 늘 새삼스럽습니다.

지인이 묻더군요.
"네 책을 다 읽고 나면 엄마들이 어떤 생각을 했으면 좋겠어?"

저는 망설임 없이 대답했습니다.
"응, 내 책 읽고 어서 다른 책을 읽고 싶어졌으면 좋겠어. 그리고 다시 꿈꾸기 시작하면 좋겠다."

끈질기게 배운 것을 실천하려 노력하고, 당장 무언가를 이루는 데에 집착하기보다 꾸준하게 꿈을 향해 나아가는 과정을 엄마들이 즐겼으면 합니다. 아이들은 그런 엄마를 보며 공부 조금 더 하는 것보다 꿈꾸는 법을 배웠으면 좋겠습니다.

모든 것이 변하는 세상 속에서 내가 아이들의 엄마라는 것만은

영원히 변하지 않을 것처럼,

　아이들과 당신이 언제든 어디서든 희망을 잃지 않는 사람으로 살아가길 기도합니다.

　그 과정에 책이라는 친구가 등불이 되어줄 것을 믿어 의심치 않습니다.

　당신과 나와, 예쁜 우리 아이들의 삶을 오늘도 응원합니다.

부록

✓ 아이 추천 전집 목록

태어난 이후 ~ 36개월 전집	
한글	**영어**
돌잡이 한글, 수학	돌잡이 영어
웅진 준비땅	천재 토키북
프뢰벨 영아토털	월드 패밀리 잉글리시
개구쟁이 아치 20권	베이비 사이언스
곰곰이, 곰솔이	잉글리시몬스터2
푸름이 까꿍	삼성영어로 영어시작1,2,3
보리 세밀화	튼튼 베이비리그
프뢰벨 말하기	튼튼 싱어롱
프뢰벨 수과학동화	핀덴 잉글리시 1,2
몬테소리 수담뿍	엘레펀트앤피기 20권정도
프뢰벨 생생다큐	스팟시리즈
자연이 통통	마이퍼스트북
글뿌리 호기심 과학동화	언아이캔리드어북 시리즈(퍼스트 ~
글뿌리 성장동화	1단계)
추피와두두	비스킷 파닉스 펀
바바파파시리즈	비스킷 파닉스 모어펀
비버북 6개월치	베런스타즈베어스 파닉스
바나나 세계창작	
아이차일드애플	
토들피카소	
웅진 바나나로켓 1	
웅진 손바닥별	
웅진 콩알	
교원 지식문	
웅진 비주얼박물관	
오르다 첫발견	
오르다 레인보우 (위드맘)	
프뢰벨 에듀1,2	
웅진 바나나로켓 2	

36개월 ~ 6세 전집	
한글	영어
고녀석 맛있겠다 8권세트 웅진 구름버스 웅진 달강아지 웅진 호기심백과큐 내셔널지오그래픽 키즈 네버랜드 세계 걸작선 ~208권까지 대교 생각똑똑 과학그림책 그레이트북스 버니의 세계책방 그레이트북스 내친구 과학공룡 그레이트북스 이야기 꽃할망 그레이트북스 안녕 마음아 교원 3D 애니매이션 세계 명작 비버북 6세 단계까지 프뢰벨 읽기 공룡유치원 오렌지 과학동화 사탕수수 수학그림책	튼튼 Q플레이 튼튼 W플레이 튼튼 뉴주니어 1,2 위니더위치 리더스 16권 메그 앤 모그 10권가량 찰리 앤 롤라 세트 리틀 프린세스 세트 줄리아 도날드슨 단행본 여러 권 ORT 1~12 JPR파닉스

✔ 도움을 준 육아 관련 서적 목록

– 마음공부

아이를 잘 키운다는 것(노경선, 위즈덤하우스)

생의 목적을 아는 아이가 큰 사람으로 자란다(전혜성, 센추리원)

섬기는 부모가 자녀를 큰 사람으로 키운다(전혜성, 랜덤하우스코리아)

아이의 정서지능(EBS제작팀, 지식채널)

화날 때 쓰는 엄마 말 처방전(가와무라 교코, 예담아카이브)

엄마의 말공부(이임숙, 카시오페아)

아이의 자존감(정지은 · 김민태, 지식채널)

부모와 아이 사이(하임 G.기너트, 양철북)

- 교육

하루나이독서(재혁아빠 이상화, 푸른육아)

당신의 아이는 원래 천재다(이지성, 국일미디어)

생각하는 아이 기다리는 엄마(홍수현, 국일미디어)

아이의 가능성(장유경, 위즈덤하우스)

아이의 공부력 엄마가 만든다(정희태, 생각지도)

영어꽝 가을맘의 그림책 몰입영어(박혜정, 푸른육아)

- 홈스쿨

하루 10분, 엄마놀이(이임숙, 카시오페아)

창의폭발 엄마표 판타스틱 미술놀이(박민재, 로그인)

엄마표 미술놀이(문용택 · 정혜원, 마음상자)

엄마표 미술놀이 홈스쿨(박정아, 청어람미디어)

✓ 참고도서

2라운드 인생을 위한 글쓰기 수업(최옥정, 푸른영토)

강원국의 글쓰기(강원국, 메디치)

공감필법(유시민, 창비)

굿라이프(최인철, 21세기북스)

나는 까칠하게 살기로 했다(양창순, 센추리원)

나는 둔감하게 살기로 했다(와타나베 준이치, 다산초당)

너는 나에게 상처를 줄 수 없다(베르벨 바르데츠키, 걷는나무)

딸에게 주는 레시피 (공지영, 한겨레출판)

멈추면 비로소 보이는 것들(혜민, 쌤앤파커스)

무례한 사람에게 웃으며 대처하는 법(정문정, 가나출판사)

신경 끄기의 기술(마크 맨슨, 갤리온)

알면서도 알지 못하는 것들(김승호, 스노우폭스북스)

약간의 거리를 둔다(소노 아야코, 책읽는 고양이)

열두 발자국(정재승, 어크로스)

지치지 않는 나의 꿈, 나의 인생(나폴레온 힐, 국일미디어)

차라투스트라는 이렇게 말했다(니체)

타이탄의 도구들(팀 패리스, 토네이도)

회복탄력성(김주환, 위즈덤하우스)

미라클 독서법

: 꿈꾸는 엄마를 위한 미라클 독서 코칭

1판 1쇄 발행 ㅣ 2018년 12월 1일

지은이 ㅣ 강수현

펴낸곳 ㅣ 북씽크

펴낸이 ㅣ 강나루

주   소 ㅣ 서울시 서초구 명달로24길 46, 3층 302호

전   화 ㅣ 070 7808 5465

등록번호 ㅣ 제 206-86-53244

ISBN 979-11-87390-19-0 13100